Vivir sin miedos

Vivir sin miedos

Atrévete a comenzar de nuevo

Sergio Fernández

Plataforma Editorial

Primera edición en esta colección: octubre de 2010
Vigesimosexta edición: noviembre de 2023

Plataforma Editorial
c/ Muntaner, 269, entlo. 1ª – 08021 Barcelona
Tel.: (+34) 93 494 79 99
www.plataformaeditorial.com
info@plataformaeditorial.com

Depósito legal: B. 38.944-2010
ISBN: 978-84-15115-08-3
Printed in Spain – Impreso en España

Diseño de cubierta:
Utopikka
www.utopikka.com

Fotocomposición:
Grafime

Impresión:
Podiprint

Scott Fitzgerald decía que hacen falta tres generaciones para conseguir un artista. La primera es feliz con alimentarse y llevar al colegio a sus hijos, la segunda quiere una buena escuela y buena comida, y la tercera reflexiona sobre lo que hace.

Les dedico este libro a todos mis antepasados y al cúmulo de casualidades que han hecho posible que yo hoy esté vivo y escribiendo esto, y en especial a mis padres, por regalarme la vida, por invitarme a reflexionar sobre lo que hago y por mostrarme que la única forma de vivir, es vivir sin miedo…

Índice

Agradecimientos

Cada ser humano con el que me he encontrado en la vida ha sido mi maestro y ha puesto, sabiéndolo o sin saberlo, su granito de arena para que este libro sea posible. A todos ellos, gracias.

Y más concretamente y en lo que se refiere a este libro, quiero dar las gracias a mi *Dream Team* particular, por vuestro amor incondicional, por vuestro apoyo, por facilitar que este parto haya sido posible… a Mario Alonso Puig, por no dudar ni un instante en respaldar este proyecto cuando te hablé de él; a Esther Camuñas, por tu amistad y por ayudar con tu mirada a que *Vivir sin miedos* haya crecido y madurado; a Rubén Chacón, por el derroche de creatividad que supone conversar contigo, también cuando lo hicimos en torno al primer borrador; a Laura Colomé, por renovar la fe que le tuviste a *Vivir sin jefe* en el proyecto *Vivir sin miedos*, y por leerlo minuciosamente; a Alba Delgado, por estar ahí y por enriquecer deliberadamente con tu singular cosmovisión las ideas y el objetivo de este libro; a Gonzalo Estefanía por tu respaldo constante y decidido, también en lo que a esta obra se refiere; a Carlos Fernández, por tu lectura atenta, por tu apoyo entusiasta...; a Ernesto Fernández, por enriquecer con tu punto de vista el primer boceto; a Félix Fernández, por esas ideas que sumaron e hicieron más accesible el libro; a Agustín Ferrer, por la confianza que sigues depositando en todo lo que hago; a Hada García Cock, porque las revisiones que haces de mis proyectos destilan amor con verdad y además son un exigente banco de pruebas al que es difícil que se le cuele ningún error o inconsistencia; a Josepe García, por tus importantes sugerencias; a Mar Hernández, por ser la primera fan del libro y porque tu cuidada lectura fue un regalazo y un auténtico examen para el texto; a Raúl Hernández, por ese par de preguntas y observaciones tan valiosas; a Virginia Irurita, porque tu perspicaz mirada mejoró sustancialmente el arranque; a Paola Lizares, por echarme un importante cable en el proceso de hacer realidad el libro y por un *email* que hizo ganar al libro; a Carmen López, porque sin tu respaldo este proyecto no sería lo que es y por creer en su importancia con una fe inquebrantable; a Fernando López Mugarza, por hacer de tus clases un laboratorio de crecimiento personal sin el que *Vivir sin miedos* quién sabe si hoy sería real, también por escrutar el libro con atención y por hacerlo crecer; a Jordi Nadal y al resto del equipazo de Plataforma, por confiar apasionadamente, y casi más de lo que yo mismo lo hacía, en este proyecto cuando sólo era un fantasma en alguna esquina de mi alma y un manojo de notas inconexas en alguna esquina de mi ordenador...; a María José Pérez Tenedor, por facilitar ese retiro que me permitió darle un empujón definitivo al libro;

a Beatrice Piepper, por las serendipias que unen nuestros caminos y por dedicarme tu tiempo y atención con una de las cuestiones fundamentales del libro; a Elena Polaina, por esas sagaces preguntas que me formulaste para dotarle de mayor solidez y consistencia a *Vivir sin miedos*; a Raimon Samsó, por apoyarme tenazmente con este proyecto y con todo lo demás; a Enrique Sesmero, por preguntar, repreguntar y volver a preguntar, siempre con ánimo constructivo..., eso hace crecer este libro y cualquier cosa a la que apliques tu mirada; a Laura Toronjo, por seguir cerca y por regalarme verdad con amor siempre y al cabo de los años, también con este libro; a Alberto Triano, por ese puñado de fértiles comentarios al texto original, por regalarme esa increíble fotografía para la solapa y por el obsequio que supone tu energía positiva y que creas siempre en mis proyectos; a Borja Vilaseca, por confiar en mí, en este proyecto y por esa observación tan valiosa que me regalaste; y a la vida, por su generosidad y por seguir permitiéndome disfrutar del mayor regalo que existe: estar vivo y ser consciente de ello.

Gracias también a Patricia Araque, a Johanna Barrios, a Manuel Barrionuevo, a Nuria Bravo, a Amel Fernández, a Santiago García Gago, a Sergio García Rozalén, a Elsa González, a Begoña Palacios de Burgos, a Susana Pena, a Borja del Real, a Antonio Rivas, ... porque también habéis hecho posible que este libro sea lo que es.

Para todos no tengo sino palabras de agradecimiento..., gracias, gracias, gracias... ¡GRACIAS!

Antes de nada...

«Ven, que te limpie los ojos... y acostúmbrate ya al resplandor de la luz. Ésta es la consigna: acostúmbrate ya al resplandor de la luz.»

WALT WHITMAN

«Nuestro miedo más profundo es saber que somos poderosos más allá de toda medida. Todos podemos brillar, tal y como hacen los niños. Y cuando permitimos que nuestra propia luz brille, inconscientemente damos la oportunidad a otras personas para hacer lo mismo. Conforme nos vamos liberando de nuestros miedos, nuestra presencia libera a otros automáticamente.»

NELSON MANDELA

Hace poco tiempo me enteré de que lo primero que hicieron en el hospital cuando nací fue ponerme boca abajo en la cuna. También de que un instante después me levanté con los brazos para empezar a observar atentamente a mi alrededor, en silencio. Creo que con este simple gesto dejé claro, sin ser consciente de ello, cuál sería mi destino en esta vida: mirar y aprender.

Sin embargo, me llevó algunos años más comprender que ese destino estaría incompleto si no compartía con los demás todo aquello que fuera aprendiendo. *Vivir sin miedos* es un texto muy personal y que nace sin mayor expectativa que mostrar algunas de las herramientas, anécdotas y puntos de vista que me han resultado de ayuda en mi camino por la vida. *Vivir sin miedos* surge de ese deseo y de esa necesidad de hacer partícipes a otras personas de aquello que voy descubriendo.

En este sentido, una de las cuestiones más importantes que la vida me ha enseñado es que, en último término, sólo se puede vivir desde el amor o desde el miedo.

Y es de este tipo de observaciones cuya comprensión marca la diferencia entre una vida rotunda o una vida de soslayo.

Cada decisión que tomamos, cada actividad que desarrollamos, cada pequeño gesto... lo hacemos movidos por el amor o por el miedo. Y la diferencia entre vivir desde un sitio o desde otro es como de la noche al día.

Vivir sin miedos no sólo es deseable, también es posible. De hecho, cada vez más personas lo hacen. A simple vista es difícil darse cuenta de esto porque al cruzarse con ellas por la calle no se diferencian en nada de los demás. Sin embargo, si observa con atención, comprobará cómo cada vez más seres humanos han tomado una decisión, la de vivir sin miedos, que las ha hecho convertirse en otras personas, en una especie de versión mejorada de lo que algún día fueron.

Este libro habla de cómo vivir desenfadadamente, felizmente y en paz. Habla de encontrar el sentido de su vida y de escucharse a sí mismo.

Vivir sin miedos le propone vivir desde la serenidad, la confianza y la alegría. También desde el amor, la entrega, la aceptación y la ilusión.

Confío en que este libro facilite el camino hacia ese día en el que todas las personas de este planeta vivirán sin miedos. Porque ese momento, no lo dude, llegará. De nosotros depende que esto suceda antes o después.

Es preciso ponernos brevemente de acuerdo

«Una mañana nos regalaron un conejillo de Indias. Llegó a casa enjaulado. Al mediodía le abrí la puerta de la jaula. Volví a casa al anochecer y lo encontré tal como lo había dejado: jaula adentro, pegado a los barrotes, temblando del susto de la libertad.»

EDUARDO GALEANO

«En una ocasión le preguntaron a Einstein qué haría si le dijeran que la Tierra iba a ser destruida en sesenta segundos. Contestó que emplearía los primeros 59 segundos en hacerse una pregunta y el segundo restante en responderla.»

El águila es un ave que puede llegar a vivir setenta años, aunque para poder llegar a esa edad, tiene que pasar antes por un difícil proceso.

En torno a sus cuarenta años, sus uñas se vuelven blandas, su pico empieza a estar demasiado deteriorado y le resulta difícil volar con unas plumas que se han hecho pesadas. En ese momento el águila puede dejarse morir o atravesar un proceso de transformación que dura en torno a cinco meses.

En este trascendental cambio, el águila se retira a su nido ubicado en lo alto de una montaña. Allí golpea su pico contra la pared hasta que consigue arrancarlo. Después, espera a que el pico le vuelva a crecer y con éste se arranca las uñas. Cuando las uñas le crecen de nuevo, las emplea para arrancarse las plumas. Entonces aún tiene que esperar a que las plumas le crezcan de nuevo antes de poder volar. Después de superar este proceso de renovación, el águila puede disfrutar de otros treinta años de vida.

Vivimos en un momento de la historia apasionante y decisivo. Un período de cambios exponenciales en lo económico, en lo social, en lo personal y en lo espiritual. Pero también es un momento en el que, si queremos salir adelante, tenemos que hacer como el águila: atravesar un profundo proceso de transformación.

Los cambios que estamos experimentando no tienen precedentes en la historia de la humanidad. Y para poder afrontar esta situación necesitamos una nueva manera de mirar la realidad, un nuevo paradigma. De la misma manera que para poder sobrevivir el águila se desprende de su pico, sus uñas y sus plumas, nosotros debemos desprendernos de las costumbres, ideas, tradiciones y temores que nos causan infelicidad y que no nos permiten vivir la vida que soñamos.

Aquellas personas que hagan este tránsito y se deshagan de sus viejas creencias, afrontarán esta nueva etapa en la que estamos entrando con energía renovada. Aquellas personas que se aferren a su pico encorvado o a sus plumas pesadas, no dispondrán de la fuerza ni de los medios para continuar volando.

Ignoramos cómo será el mundo dentro de cinco años. Más aún dentro de veinte años. Lo que sí que sabemos es que será muy diferente a como es ahora; también, que los valores y principios para vivir con paz interior y para lograr la felicidad han sido y seguirán siendo los mismos.

«Una pregunta bien hecha lleva la respuesta en la espalda, así como un caracol lleva su caparazón.»

La clave, por tanto, reside en conocer y aplicar estos principios, y uno de los medios más reveladores para obtener este conocimiento y para conducirse sabiamente en la vida es la capacidad para formularse las preguntas adecuadas. De esto trata este libro. Hay un texto de Shunryu Suzuki Roshi que me parece especialmente revelador. Dice así: «Nos volvemos sabios haciendo preguntas, y aun si éstas no son respondidas nos volvemos sabios, porque una pregunta bien hecha lleva su respuesta en la espalda, así como un caracol lleva su caparazón».

Creo profundamente en el poder transformador de la pregunta. Tengo más fe en las buenas preguntas que en las buenas respuestas. Me gusta la frase de Benedetti que dice que «cuando creíamos que teníamos todas las respuestas, de repente cambiaron todas las preguntas», porque sintetiza esta situación actual que vivimos en la que tantas personas se encuentran perdidas, en parte porque no se formulan las preguntas adecuadas.

Una pregunta apropiada encierra el potencial para cambiar el futuro de una persona para siempre. Por eso cada capítulo de *Vivir sin miedos* le plantea una pregunta. Son las preguntas que pueden cambiar su vida.

La vida siempre sucede de dentro hacia fuera. Por eso cada una de las preguntas de *Vivir sin miedos* está dirigida a usted, a lo que usted puede hacer. Si es de los que piensa que las cosas tienen que cambiar ahí fuera para que usted pueda ser feliz, este libro le decepcionará. Regálelo, ahora que aún está a tiempo. Ahora bien, si está dispuesto a asumir y a emplear su parte de responsabilidad, le doy la bienvenida al viaje que ahora comenzamos.

Comprobará que este libro pone el acento en la necesidad de encontrar algo que le trascienda y que le haga sentirse bien. Y una vez encontrado ese qué, también hay que saber cómo convertirlo en realidad. Mi compromiso es compartir con usted las preguntas, las fuentes y las anécdotas que le faciliten la inspiración necesaria para llegar hasta ese lugar donde vivir plenamente y sin miedo es posible.

Le deseo coraje para emprender el viaje hacia ese lugar, ánimo para seguir si ya ha comenzado y la sabiduría necesaria para poder disfrutarlo si ya lo ha encontrado... ¡Arrancamos!

¿Por qué no se suicida?

«–¿Podrías decirme, por favor, qué camino debo seguir para salir de aquí?
–Esto depende en gran parte del sitio al que quieras llegar –dijo el Gato.
–No me importa mucho el sitio... –dijo Alicia.
–Entonces tampoco importa mucho el camino que tomes –dijo el Gato.»

LEWIS CARROLL,
Alicia en el país de las maravillas

«Le dijo el médico chino a su paciente: ¿Cómo voy a curarle si no sé cuál es su finalidad en la vida?»

Desde muy joven me ha llamado la atención algo que nos sucede a los seres humanos con relativa frecuencia: nos preocupamos demasiado del «cómo». Yo, sin embargo, creo que lo único que importa es el «qué».

Sólo con el «qué» muy claro, merece la pena pasar a trabajar el «cómo». De hecho, con un «qué» bien definido, el «cómo» se presenta mucho más fácil de concretar. Si ha tenido la fortuna de contar con un «qué» poderoso entre las manos, sabrá de qué le hablo: el «cómo» se convierte en algo irrelevante, secundario.

Y sin embargo, como en *Alicia en el país de las maravillas,* nos preguntamos por el camino a seguir sin tener bien definido el destino. Frases como «¿Es fácil conseguir esto?», «¿Tiene salidas esa profesión?» o «Apenas tengo posibilidades» no son más que frases sin ningún sentido cuando se vive desde el «qué».

Una de las lecturas más influyentes en mi manera de estar en el mundo ha sido *El hombre en busca de sentido,* de Viktor Frankl. Posiblemente uno de los libros que más he regalado. Este psiquiatra, prisionero en varios campos de concentración, es el creador de la logoterapia. «Logos» significa 'sentido' o 'propósito' en griego. La logoterapia es, por tanto, la terapia del sentido y se centra en el sentido de la existencia humana y en la búsqueda de éste por parte del hombre. Viktor Frankl, con el objetivo de ayudar a sus pacientes a que encontraran cuál era el sentido de su vida, les preguntaba «¿Por qué no se suicida?». La respuesta a esta pregunta daba a los pacientes una indicación de cuál era para ellos el sentido de su vida, los ayudaba a encontrar ese «qué».

Una de las preguntas cardinales que tenemos que formularnos como seres humanos es la de cuál es nuestra vocación, cuál es nuestra misión, cuál es el sentido de nuestra vida, qué es lo que evita que nos suicidemos..., y es preciso hacérsela una y otra vez hasta que sintamos con certeza que sabemos a qué hemos venido a este mundo.

Dedique todo el tiempo que sea necesario a averiguar la respuesta. Pruebe a realizar otras tareas, a desempeñar otros trabajos... Estudie lo que haga falta, investigue y practique el ensayo-error tantas veces como sea necesario porque se está jugando algo muy importante. Puede que en este momento tenga que pagar la hipoteca, o que esté ocupado con otros asuntos. Sin embargo, es un tema importante, y eso significa que antes o después tendrá que dedicarle la atención que requiere.

«Una de las pocas preguntas a las que merece la pena prestar atención es "¿a qué he venido a este mundo?"»

Sé que a veces puede dar pereza, o incluso miedo, pero preste atención a este asunto porque es uno de los pocos a los que verdaderamente hace falta atender para poder llevar una vida plena y significativa. Creo que el fin último de la vida es ser felices. También que no se puede vivir feliz sin haber hecho un trabajo personal sobre esta pregunta. Es posible que no encuentre la respuesta hoy o mañana. No nos engañemos: a lo mejor le lleva años. Éste ha sido al menos mi caso. Pero si persiste acabará por encontrarla. Y aunque no lo hiciera, el mero hecho de saber que está en el camino le dará una perspectiva de la vida completamente diferente.

Vivirá desde la honestidad, desde la valentía y desde la conciencia. Y eso lo cambia todo.

Durante mucho tiempo, estuve convencido de que definir los objetivos era imprescindible para cualquier persona u organización. Hoy lo sigo creyendo, pero con algún matiz. La experiencia me ha demostrado que unos objetivos mal formulados, es decir, no acordes con la esencia y los valores, pero sobre todo con la misión de la persona u organización, acaban por distraer más que por iluminar. Por eso, como entrenador personal, soy más partidario de focalizar mi energía en facilitar que la persona sintonice con su yo más profundo, con su esencia divina, con ese potencial que cada persona, por el mero hecho de serlo, lleva dentro. Escuchar a su ser más auténtico facilitará la tarea de encontrar un camino lleno de significado en la vida.

¿Cuál es su propósito en la vida?

«Nada está perdido si se tiene el coraje de proclamar que todo está perdido y que hay que empezar de nuevo.»

JULIO CORTÁZAR

«En realidad, no importa que no esperemos nada de la vida, sino que la vida espere algo de nosotros. Que dejemos de interrogarnos sobre el sentido de la vida y, en cambio, pensemos en lo que la existencia nos reclama continua e incesantemente.»

VIKTOR FRANKL

«No te preguntes qué puede hacer tu país por ti, pregúntate qué puedes hacer tú por tu país.»

J. F. KENNEDY

En la película *El cambio. De la ambición al significado*, que es una conmovedora fuente de inspiración, Wayne Dyer reflexiona sobre el viaje espiritual que la mayoría de las personas realizan en el ecuador de su existencia, cuando buscamos un propósito que dote de sentido a nuestra vida.

Dyer afirma que en la primera parte de la vida, en el amanecer, seguimos el camino del ego: el de la ambición, la competición y el esfuerzo. También que en el atardecer de la vida efectuamos un cambio de valores que nos lleva a comportarnos desde la parte más auténtica de nuestro ser y a actuar en sintonía con esa energía de la que todos formamos parte. Por eso el subtítulo *De la ambición al significado*. Dyer, creo que acertadamente, asegura que en último término esto es algo que todos vamos a entender antes o después. Aunque sea un instante antes de morir. Emocionante, lúcido y acertado.

En este punto son muchos los que se preguntan: «¿Y cómo sé cuál es mi propósito en la vida?».

Hacia el final de la película *El cambio*, hay un momento en el que Dyer afirma: «No tienes que preguntarte cuál es tu propósito. Siempre lo encontrarás ayudando a los demás. [...] Tocar la vida de alguien vale más que cualquier fortuna. [...] No importa a qué te dediques [...], lo que importa es que pongas tu atención en cómo servir a los otros. [...] Puedes dirigir un negocio, despegándote del resultado y centrándote en dar servicio. La vida se convierte en vivir estas tres virtudes: ¿cómo puedo ayudar, ser amable y sentir veneración?».

En esta misma línea, Deepak Chopra divulgó con éxito el concepto de «dharma» en su libro *Las siete leyes espirituales del éxito*. «Dharma» significa 'propósito en la vida' y es un concepto que afirma que cada uno tiene un propósito en la vida y un don único o talento especial para ofrecer a los demás. Y cuando se combina éste con el servicio a los demás, experimentaremos felicidad, que es la última de todas las metas.

Cada semana me encuentro con personas que no saben cuál es su misión en la vida. Si ése es su caso, quizá alguna de las siguientes preguntas le faciliten ese proceso de descubrimiento de su propósito en la vida:

1. Cuando era niño o adolescente (antes de que probablemente se le llenara la cabeza de ruido sobre lo que hay que hacer y no hay que hacer en la vida), ¿cómo se imaginaba a usted mismo de mayor? ¿Tenía algún sueño? ¿Qué decía que iba a ser de mayor?
2. ¿Hay algo en lo que sea especialmente bueno? ¿Dispone de algún talento o habilidad especial? Aquello en lo que somos buenos con frecuencia nos da pistas de cuáles son nuestros dones.
3. Si alguien pudiera asegurarle que le quedan diez meses de vida… ¿A qué le gustaría dedicarse?

En mi libro *Vivir sin jefe*, proponía además otras preguntas poderosas, que cito aquí sólo a modo de recordatorio:

–¿Qué haría si tuviera la certeza absoluta de que va a tener éxito?

–¿A qué se dedicaría si tuviera todo el dinero que pudiera llegar a necesitar para usted y para sus seres queridos?

La pregunta no es tanto «¿cuál es el sentido de la vida?» sino más bien «¿qué sentido quiero otorgarle yo a la vida?». Algo que he observado es que aquellas personas que encuentran sus dones y deciden ponerlos al servicio de los demás viven una existencia más plena, más feliz, más satisfactoria.

«Sólo una vida vivida para los demás merece la pena ser vivida.»

Hace algún tiempo un amigo se fue a vivir a otro país indefinidamente para trabajar en un proyecto filantrópico. Cuando nos despedimos, casualmente, o no tanto, nos regalamos un libro. Su dedicatoria incluía una frase de Einstein que me parece reveladora y premonitoria: «Sólo una vida vivida para los demás merece la pena ser vivida».

Pero para que todas estas preguntas resulten realmente efectivas, necesitan de usted honestidad, compromiso y dedicación:

1. Honestidad, porque tiene que estar dispuesto a aceptar la respuesta, sea ésta cual sea. Y si no está dispuesto, mejor no empiece.
2. Compromiso, porque tiene que estar preparado para tomar las decisiones que se deriven de ellas; si no, nada cambiará.
3. Y dedicación, porque es posible que se embarque en un proceso que lleve años. Quizá toda una vida. ¿Está dispuesto?

A veces, y lo sé por experiencia, se trata sólo de reconocer que esos dones están ahí, de asumir el regalo que la vida, por el motivo que sea, nos ha entregado. Se trata sólo de respetar lo que es, de respetarnos en lo que nos ha tocado. Y cuando escuchamos lo que es, lo aceptamos y decidimos emplearlo en servir a los demás, la vida escucha y responde. ¿Cuántas personas llevan una vida de espías, una vida de doble personalidad? Una vida en la que juegan a ser una cosa que, secreta e íntimamente, saben que no son. No sé qué será de este mundo el día que nos atrevamos a ser lo que somos, a brillar e iluminar a los demás con la luz propia que cada persona tiene.

Por cierto, quizá se encuentre en esa situación en la que es capaz de reconocer que tiene que encontrarle un nuevo sentido a su vida, que no le gusta lo que ha construido hasta ahora. Si delante de usted no ve más que niebla, pero siente que tiene que haber algo más allá de ésta y está dispuesto a hacer el camino para encontrarlo, si ése es su caso, permítame que le dé mi enhorabuena. Hace falta tener mucho coraje para mirar alrededor y reconocer que quiere cambiar, que eso ya no funciona. Hace falta ser muy valiente para tomar esa determinación y para, como en la película *Matrix*, tomar la pastilla roja y optar por salir de esa apariencia de realidad. Por eso, porque sé lo que significa y porque soy consciente de lo difícil que puede llegar a ser, tiene mi reconocimiento y mi admiración.

No tema, porque de hecho cada día somos más personas las que queremos una vida llena de significado. Es una revolución silenciosa, es la revolución de la conciencia.

Si alberga dudas –y cada persona sabe íntimamente si las tiene o no– siga buscando. Éste es el mejor amuleto que conozco: no rendirse. Cada uno tiene un sitio, y no me refiero a una ubicación física, del que ya no quiere moverse. Eso es la felicidad. Y merece la pena hacer una búsqueda honesta para encontrarlo. Al fin y al cabo, si no se esfuerza para esto, ¿para qué lo hará entonces?

¿Ha renunciado a su sueño?

«No temo nada, no espero nada, soy libre.»
KAZANTZAKIS

«Vivimos a la altura de nuestras limitaciones y no de nuestras posibilidades.»
MARIO ALONSO PUIG

«¿Quieres pasarte el resto de tu vida vendiendo agua azucarada o quieres una oportunidad para cambiar el mundo?»
STEVE JOBS (Apple) a JOHN SCULLEY (aún en Pepsi)

Hace un tiempo un amigo me confesó algo que ciertamente me impresionó. Me dijo que renunciaba a sus sueños.

Jamás había escuchado a nadie decir que dimitía de hacer sus sueños realidad. Supongo que lo que me llamó la atención fue el hecho de rendirse de forma deliberada, ya que desgraciadamente cada día son legión los que lo hacen de manera más o menos inconsciente.

Las razones son con frecuencia las mismas: no pueden compatibilizar su sueño con la necesidad de ganar dinero para pagar la hipoteca o para hacer la compra. Otros motivos que suelen respaldar esta fatal decisión son el hecho de que sería demasiado difícil conseguir lo que desean o que, hagan lo que hagan, todo va a seguir igual...

Pero nada sigue igual. Mucho menos en el plano personal. La experiencia demuestra que aquellas personas que han decidido trabajar para aproximarse a sus sueños disfrutan de una vida más significativa y ordenada.

«Estamos aquí para dejar una huella significativa.»

Si decide emprender un camino para llevar sus sueños a cabo, comprobará que otros aspectos de su vida se colocan como por arte de magia, porque un cambio en una parte de un sistema hace que las demás se tengan que reorganizar necesariamente. Hay un cuento de Jorge Bucay que expresa esta idea de que, si colocamos una parte de nuestra vida, las demás también lo acabarán por hacer:

«En una aldea, hacía tiempo que no había llovido; como todos los rezos habían sido en balde, recurrieron al gran Hombre de la Lluvia, que pidió una cabaña a la entrada de la aldea, así como agua y pan para cinco días. Al cuarto día llovió. La gente volvió jubilosa de sus campos y lugares de trabajo, y se fue ante la cabaña del Hombre de la Lluvia para festejarle y preguntarle por el secreto. Él les contestó: «Yo no puedo hacer que llueva». Pero sin embargo llueve, dijo la gente. El Hombre de la Lluvia les aclaró: "Cuando vine a vuestra aldea, vi el desorden exterior e interior. Fui a la cabaña y yo mismo me puse en orden. Cuando yo estuve en orden, vosotros también os pusisteis en orden, y cuando ya estuvisteis en orden, también la naturaleza se puso en orden. Y al ponerse en orden, llovió"».

Si tiene un sueño, si hay algo que hace vibrar su corazón, sea lo que sea, algo grande o algo pequeño, eso debería constituir uno de los cimientos sobre los que construir el resto de su vida. Si construye su vida alrededor de lo que no es prioritario, cuando esto llegue, no tendrá espacio. Es posible que conozca este cuento en el que un maestro llenó un recipiente de piedras. Después les preguntó a sus discípulos si estaba lleno. Cuando éstos le respondieron que sí, entonces el maestro tomó un bote con pequeñas piedrecitas de playa y con esta arena llenó los huecos que había entre medias. Entonces, les volvió a preguntar: «¿Está lleno ahora este recipiente?». Todos los alumnos contestaron al unísono que, efectivamente, ahora sí que estaba lleno. El maestro cogió entonces un bote con fina arena de playa y lo volcó dentro del recipiente. La arena llenó todos los huecos entre las piedras y los cantos rodados.

A continuación les dijo a los alumnos: «Este recipiente es como la vida. Las piedras representan las cosas importantes como la familia, los amigos, la salud, el amor. Los cantos rodados representan el resto de las cosas que nos importan en la vida: el trabajo, la casa... Por último, la arena simboliza el resto de pequeñas cosas. Si primero llenásemos el bote con las cosas menos importantes, ya no quedaría hueco para poner las cosas realmente importantes».

Estoy convencido de que las cosas realmente importantes de la vida son muy pocas. Y saber esto me produce un profundo sosiego. Y una de ellas, una de las piedras de la vida, es conocer cuáles son nuestros sueños y hacerles un hueco, invitarlos a pasar. Reconocerlos y entenderlos, por pequeños o grandes que sean.

Escuche a su corazón; usted es el mayor experto en sí mismo. Se trata sólo de saber qué le hace vibrar y qué es lo que le hace feliz a usted y, por tanto, a los demás.

Así que cuando mi amigo me declaró que renunciaba a su sueño, apelé a su responsabilidad: «¿Qué hubiera pasado si tu escritor favorito hubiera renunciado a su sueño y no hubiera escrito ese libro que cambió tu vida? ¿Y si tu grupo de música preferido hubiera renunciado a su sueño de hacer música por ser demasiado difícil? ¿Qué pasaría si ese investigador médico que hizo un descubrimiento que salvó a ese familiar tuyo hubiera renunciado a su sueño de estudiar Medicina? ¿Qué pasaría si el empresario que puso en marcha ese café en el que nos gusta vernos hubiera renunciado a su sueño?». ¿Qué pasaría si sus padres hubieran renunciado a su sueño de tenerle a usted? Y es más…, ¿qué será de mí si no pone en marcha su sueño? Pues pasará que me quedaré sin verlo y que lo lamentaré profundamente.

No se trata sólo de que pueda o no ponerse en marcha; se trata de algo más grande, se trata de que la vida está esperando esa pequeña aportación que tan sólo usted puede desarrollar. Cada persona tiene unas habilidades, unas capacidades y unos dones, y es su responsabilidad poner los suyos al servicio de los demás, de igual manera que otras personas ponen los suyos a su servicio.

¿Está seguro de que esa idea es suya?

«Por todas partes, las facultades de Economía, los periodistas, los ensayistas y los políticos toman los principales mandatos de estas nuevas tablas de la ley, y con el apoyo de los grandes medios de comunicación lo repiten hasta la saciedad. Sabiendo que, en nuestras sociedades mediatizadas, repetición equivale a demostración.»

IGNASI RAMONET, *El pensamiento único*

«Dejar el mundo un poco mejor de lo que has encontrado, [...] haber jugado y reído con entusiasmo y haber cantado con pasión, saber que alguna vida ha respirado mejor porque tú has vivido, eso es haber triunfado.»

RALPH WALDO EMERSON

«Elige un empleo. Elige una carrera. Elige una familia. Elige un televisor jodidamente grande. Elige lavadoras, coches, equipos de compact disc y abrelatas eléctricos. Elige buena salud, colesterol bajo y seguro dental. Elige hipoteca a interés fijo.»

Comienzo de la película *Trainspotting*

Sé que hablar de éxito y de fracaso suena a discurso norteamericano. Sé que es un tema tabú y que a lo mejor hasta le incomoda hablar sobre esto.

¿Pero sabe por qué creo que nos inquieta hablar del éxito y del fracaso?

Porque en esto, como en otras tantas cosas, nos han vendido la moto. Así de claro. Y en su día yo también me equivoqué, por supuesto. Hay una idea predominante de éxito que a muchas personas, a mí por ejemplo, nos parece sencillamente ridícula.

La publicidad, los medios de comunicación, la literatura, tus abuelos, tu compañero del colegio y tu vecino te han contado lo mismo una y otra vez: éxito es ser blanco, varón, llevar corbata, conducir un coche grande o caro y ganar mucho dinero. O bien ser una mujer rica, guapa, que está en forma y que es a la vez una profesional exitosa, una buena madre y una excelente ama de casa. En algunos detalles puede haber ligeros desacuerdos, pero en lo de ganar mucha pasta, suele haber consenso.

«Debería haber tantas ideas de éxito como personas; ¿su idea de éxito es suya?»

Por cierto, yo no digo que conseguir dinero tenga nada de malo. De hecho, lamento sinceramente que entre tanta información inútil con la que me bombardearon el cerebro de pequeño no me enseñaran algo de educación financiera;

tanto antes me hubiera empezado a ir mejor en lo económico. Lo que digo sencillamente es que la idea de que sólo ganando mucho dinero se puede ser feliz corresponde a una visión muy limitada del mundo.

Y los que no se ajustan a este esquema de querer ganar más dinero para tener más éxito son friquis, perdedores, antisistemas, idealistas o inadaptados. En esto hay un pensamiento único que da casi escalofríos. Y como la gota de agua, que a base de caer una y otra vez desgasta la piedra, la idea predominante de éxito, repetida una y otra vez, ha erosionado la capacidad de decidir de muchas personas.

Por eso mucha gente no quiere ni plantearse el tema del éxito: porque les recuerda esa idea asfixiante de éxito con la que no comulgan o a la que no son capaces de llegar por más que se fatiguen corriendo.

Por eso ha llegado el momento de dotar de un nuevo significado a algunas palabras. Éxito, sin duda, es una de ellas.

Me parece imprescindible tomar conciencia de que hay una idea de éxito que aplasta y anula la vida de mucha gente sencillamente porque no se han parado un instante a replantearse si eso que están persiguiendo es realmente su éxito.

¿La idea de éxito detrás de la que corre la ha escogido usted? No se lo tome a mal, pero insisto…, ¿está seguro de que esa idea es suya?

Tiendo a desconfiar cuando hay algo en lo que todo el mundo parece estar de acuerdo. ¿Por qué ha desaparecido nuestra capacidad de sorprendernos cuando tantas y tantas personas comparten la misma idea de éxito?

El protagonista de la película *Origen* tiene un «trabajo» ciertamente singular: inocular ideas en otras personas con el objetivo de que éstas crean que son suyas. A veces pienso que, como en la película *Origen*, vivimos con ideas que no son nuestras, que nos han sido inoculadas por terceros. En el caso de la idea de éxito, creo que esto se hace especialmente evidente.

Debería haber tantas ideas de éxito como personas. Desgraciadamente hay menos; muchos viven con la idea de éxito de otra persona y por consagrar su vida a perseguir una idea de éxito ajena y castrante. Y esto es, sencillamente, trágico.

Por favor, defina su idea de éxito. Es urgente. Y, una vez que la haya encontrado, diríjase hacia ella, sin prisas, sin miedo y sin cesar, porque en su éxito se encuentra el de todos nosotros.

¿Juega, mira u organiza el partido?

«Arriba está la acción; abajo, la contemplación. Arriba pasan cosas; abajo no pasa nada. Y cuando no pasa nada, no pasa nada.»

JOAQUÍN LORENTE

«No necesitas ser grande para actuar, pero necesitas actuar para ser grande.»

ANÓNIMO

«La resignación es un suicidio cotidiano.»

BALZAC

¿Ha observado lo que sucede cuando retransmiten un partido de fútbol? Pongamos la final de una competición, por ejemplo. Miles o millones de personas se congregan en el campo y a través de medios de comunicación para seguirlo.

Los espectadores se entusiasman con los remates, se excitan con cada gol. Se enorgullecen o se lamentan en función de que su equipo gane o pierda. Son capaces de sentir la emoción del juego y su cuerpo es un hervidero de adrenalina. Pero ¿sabe qué? Después de todo, sólo son 22 los que juegan.

Los demás son espectadores. Disfrutarán más o menos, pero el partido no depende de ellos. No pueden hacer nada; a lo sumo, y si están en el campo, pueden rasgarse las cuerdas vocales vociferando o dejar tuerto al árbitro lanzando algún objeto.

«Sólo son 22 los que juegan.»

Y esto es algo que ha despertado siempre mi interés porque me parece profundamente metafórico de cómo funciona la vida: unos pocos juegan; los demás miran.

Pero mirar es más aburrido que jugar, así que la pregunta es: «¿Por qué alguien querría mirar el partido de la vida en lugar de jugarlo?».

Sostengo que se trata de un problema de falta de empoderamiento o de imaginación. El partido que se está jugando hace mucho ruido y puede crear el espejismo de que no hay más partidos. La buena noticia es que los hay. De hecho hay muchos más.

Si hay un partido y le interesa, juéguelo o haga lo que pueda por estar ahí. Y si por el motivo que sea no puede o es demasiado alto el precio que hay que pagar por participar, o simplemente siente que lo suyo no es pelearse por estar entre los 22 que ya están jugando, no hay problema. Aún puede hacer algo: crear una nueva liga o, mejor aún, inventarse un nuevo juego. Recuerde, al menos al principio, que las reglas las pone usted.

En *Las 22 leyes inmutables del marketing*, un concentrado de ideas clave sobre mercadotecnia, se afirma que si no puede ser el primero en una categoría del mercado, entonces lo que tiene que hacer es crear esa categoría en la que usted sea el primero. Simple y provocador.

Algo así hizo mi padre cuando cumplía con el servicio militar. Ante una situación en la que tenía necesariamente que estar durante meses en un cuartel, lo que hizo fue inventarse una categoría nueva de trabajo dentro del campamento en la que obviamente sería el primero. Mi padre es especialmente bueno como pintor y como artista plástico, así que lo que hizo fue sugerirle al jefe del acuartelamiento que podía rotular y poner bonitos todos los archivos (por aquel entonces no creo que ni tan siquiera existiera el concepto de ordenador). Y de esta manera se pasó la mili haciendo algo que le gustaba, dibujar, y además bajo techo y calentito en lugar de desfilando mecánicamente cada mañana por el patio bajo la lluvia y el frío. Y como era el único y el primero, para cuando los demás reaccionaron, él ya había cumplido sus meses de servicio militar.

Creo que esta anécdota me sirvió para entender desde muy joven una destreza importante para desenvolverse en el mundo laboral: inventarse profesiones, actividades o trabajos que respeten los dones y las capacidades de cada persona.

Si necesita buscar empleo, invéntese el puesto de trabajo y después véndaselo al responsable. Siga al responsable hasta que no le quede más remedio que escuchar su idea. Es lo más efectivo. Buscar trabajo funciona igual que la seducción: es más fácil conquistar por insistencia que cambiando de objetivo cada cinco minutos.

Si ha hablado alguna vez con el responsable de recursos humanos de una gran empresa, ya sabe cómo funciona esto. Cada seis minutos le llega un currículum vítae de un aspirante a conseguir un puesto de trabajo. ¿Y qué pasa? Pues que el seleccionador está aburrido de escuchar la misma película gris una y otra vez. Así que si quiere destacar tiene que ser capaz de decir algo realmente sensato y original a la vez, o será catalogado rápidamente como un simple aspirante más.

Las empresas de hoy en día tienen déficit de atención ocasionado por sobredosis de aspirantes.

Siéntese con lápiz y papel, y piense en algo que pueda hacer, que disfrute haciendo y que nadie esté desarrollando. Tampoco hace falta inventar la rueda. Piénselo. Sólo eso.

La mayoría de los negocios de éxito tienen el mismo origen: una persona cabreada que decidió que ya estaba bien y que iba a darle un cambio a algo que ya estaba inventado o incluso funcionando.

Otro origen frecuente suele residir en una persona que comprueba cómo hay un negocio que está funcionando estupendamente en un lugar y se lleva esa idea a otro país o pueblo.

Reflexione sobre qué puede mejorar del servicio que le están prestando otras empresas o aquella en la que quiere trabajar y cierre el foco. Concéntrese en algo pequeño y conviértase en especialista de eso. Mejor cabeza de ratón que cola de león. En mi caso, por ejemplo, como en los últimos años han surgido multitud de profesionales del *coaching*, centro mi actividad y mi marca relacionada con *coaching* en algo que me satisface, que me hace vibrar y en lo que tengo mucho que aportar: talleres, seminarios, conferencias y sesiones de *coaching* para facilitar los sueños de pequeños y medianos emprendedores. Cerrar el foco, en contra de lo que pueda parecer, genera marca, confianza y ventas.

En esto, el mercado funciona de manera paradójica: cuanto más cierre el foco, más fácil le resultará encontrar mercado y ser percibido como un experto. Si a usted le duele un ojo, ¿se dirige al médico de cabecera o al oculista? La era de las profesiones genéricas ha muerto de sobredosis de trabajadores. Estamos en la primavera de la ultraespecialización.

Con frecuencia me sucede lo mismo: una persona me dice que si la puedo ayudar a encontrar trabajo. Suelo decir más o menos lo mismo: «Si está en mi mano, cuenta con ello. ¿Qué estás buscando?». Y aunque lo he escuchado en multitud de ocasiones, siempre me vuelvo a escandalizar cuando la respuesta es «da igual, de lo que sea». Respuesta equivocada. Muy equivocada. Sé, porque he pasado por ello, que cuando se busca trabajo, en realidad da un poco lo mismo qué hacer porque lo que se quiere es ponerse en marcha, pero la respuesta «de lo que sea» es errónea. Eso es todo lo contrario a cerrar el foco. Cerrar el foco es concentrarse en algo muy concreto o inventarse nuevas partidas o juegos. Y le aseguro que es mucho más satisfactorio organizar el partido que esperar a ver si otros le permiten jugar en el suyo. Sea valiente y cierre el foco.

En 2005, Chan Kim y Reneé Mauborgne publicaron un libro cuyo título resume esta idea: *La estrategia del océano azul*. La idea principal del libro es de una sencillez aplastante. Dicen que lo mejor no es competir, sino dejar de competir: encontrar un océano azul, un mercado virgen que tenga todo el potencial de crecimiento intacto. Si se adentra en el océano azul dejará de arañar cuota de mercado a golpe de trabajo o rebaja y se comprará unos prismáticos para otear el horizonte.

¿Qué prefiere, jugar el partido o verlo? Yo lo tengo claro: prefiero jugarlo y, si por el motivo que sea no puedo o no puedo jugar en la liga que deseo, entonces me invento otro juego u organizo otra partida... ¿Se apunta? La vida me parece demasiado corta y llena de oportunidades para ver a otros jugar desde mi sofá. Tengo la certeza de que dentro de veinte años, si me arrepiento de algo, sólo será de lo que no haya hecho. ¡No quiero ver partidos, lo que quiero es jugarlos!

¿Se plantea objetivos realistas?

«Si de todos modos hay que pensar, más vale pensar a lo grande.»

Donald Trump

«O vives como piensas, o acabarás pensando como vives.»

Anónimo

«Que la vida va en serio, uno lo empieza a comprender más tarde. Como todos los jóvenes, yo vine a llevarme la vida por delante.»

Jaime Gil de Biedma

Como en tantas otras cosas, en esto la vida también funciona de una manera paradójica. Si quiere trabajar como teleoperador o como consultor de una empresa grande con un sueldo más o menos mileurista, probablemente tendrá que redactar un currículum, superar diferentes pruebas psicotécnicas, una entrevista personal y varios meses de contrato de pruebas.

¿Por qué? Porque son muchos los que de una manera muy lógica piensan: «Si para este puesto de trabajo me piden todo esto..., ¿qué no me pedirán para uno de mayor cualificación?». Gran error, por cierto. Y por eso sucede lo que tiene que suceder: que para cada puesto de trabajo de los que en el fondo casi nadie desea, hay diez mil personas dispuestas a vender el alma de su abuela al diablo para conseguirlo.

Y si trabaja por cuenta propia sucede exactamente igual: los clientes que más trabajo le dan son los que menos le reportan, así que piensa que no puede abarcar más cuando lo que probablemente sucede es que se está planteando objetivos «realistas». Diríjase a los clientes que desea para su negocio. Empiece por los que más desea y vaya bajando el listón. Por favor, nunca al revés.

La gente se confunde con lo de los objetivos realistas. Funciona exactamente al contrario de como la mayoría cree, pero el miedo les impide darse cuenta de ello.

Diga no a los objetivos realistas porque cuanto más alto dispare, menos competencia encontrará. Sencillamente porque hay menos personas que pretenden conseguir «objetivos locos».

Diga no a los objetivos realistas porque es frustrante luchar por algo que en el fondo ni le va ni le viene. La experiencia demuestra que las personas que tienen una pasión son más creativas y más capaces de encontrar soluciones y oportunidades donde otros no las ven.

Diga no a los objetivos realistas porque, haga lo que haga en la vida, encontrará problemas. Y solucionar problemas para acercarse a una meta poco realista es mucho más estimulante que hacerlo para lograr un objetivo gris y sin promesa.

«Cuanto más alto dispare menos competencia encontrará.»

¿Qué haría si no tuviera miedo? Esto es lo único que debería preguntarse. Olvídese de si se trata de algo realista o no. Siga su instinto.

Dicen que los cuentos están hechos para dormir a los niños y despertar a los mayores. El cuento *El camino que no iba a ninguna parte* es una joya de Gianni Rodari, bellamente ilustrado por Xavier Salomó, quc habla de un niño que se decide a recorrer un camino diferente. Lo protagoniza Martín Testarudo, un niño que vive en un pueblo del que salen tres caminos, uno de los cuales no va a ninguna parte. Al menos eso dice todo el mundo... Un día, cansado de escuchar a los mayores, Martín empieza a caminarlo. Al final del mismo encuentra un castillo con una princesa que le regala todos los tesoros del castillo. Cuando los vecinos del pueblo corren a transitar el camino que no iba a ninguna parte, el castillo ha desaparecido... porque, como dice el cuento, «algunos tesoros sólo están ahí para los que deciden recorrer determinados caminos por primera vez».

Diga no a los objetivos realistas. Es más divertido, más estimulante y a largo plazo es posible que le suceda como a Martín Testarudo, y que los resultados le demuestren que merecía la pena iniciar ese sendero. Pero aunque no fuera así, el mero hecho de iniciar un camino con sentido es el propio premio. Es tan sencillo que a veces incluso cuesta trabajo darse cuenta.

¿Qué es lo peor que le puede pasar?

«Soy viejo y he conocido innumerables desdichas, pero la mayoría nunca sucedieron.»

MARK TWAIN

«El miedo es el principal freno hacia la paz, personal y social.»

Web *Congreso NoMiedo*

«Temer al amor es temer a la vida y los que temen a la vida ya están medio muertos.»

BERTRAND RUSSELL

Le propongo un juego. Piense en esa idea o proyecto que le lleva rondando por la cabeza desde hace tiempo. Piense en ese sueño que le encantaría ver realizado. Piense en esa conversación que tiene pendiente con alguien y que aplaza una y otra vez. Piense en eso que íntimamente le da miedo hacer. Imagínese a sí mismo poniendo en marcha esa idea, haciendo esa inversión, escribiendo ese libro, declarándose a ese hombre o a esa mujer…

Ahora tome papel y lápiz, y póngase a escribir con todo lujo de detalles qué es lo peor que le podría pasar en el caso de que tomase la decisión de llevarlo a cabo y todo, absolutamente todo, le saliese de la peor manera posible.

«¿El miedo que le está frenando para tomar esa decisión es real o se trata sólo de una fantasía?»

El juego se llama «Lo peor que podría pasar». No sea tacaño: llévelo hasta las últimas consecuencias, que para eso es un juego. El objetivo es comprobar si el miedo que le está frenando para tomar esa decisión es real o si se trata de una fantasía.

Esta pregunta tiene una fuerza impresionante. Lo sé porque yo mismo me la he formulado en diferentes momentos de mi vida. Y estoy en condiciones de decir que ha sido una de mis mejores consejeras. Es un ejercicio esclarecedor porque pone de manifiesto cuál es el peor escenario que podría derivarse de una decisión concreta. Y es especialmente elocuente porque lo más posible es que, mientras lo esté realizando, se dé cuenta de que no es tan probable que ese peor escenario llegue a suceder. Quizá también se dé cuenta de que, aun si esto llegase a suceder, probablemente dispondría de recursos, en un sentido amplio de la palabra, para superar esa situación.

¿Conoce el síndrome de la felicidad aplazada? Pilar Jericó invita a preguntarnos en *NoMiedo*: «¿Pospone su ocio por su trabajo? ¿Sacrifica horas de sueño? ¿Ahorra todo lo que puede para su jubilación? ¿Tiene miedo a cambiar de trabajo y prefiere seguir con el estrés con el que vive?».

Éstos son algunos de los síntomas del síndrome de la felicidad aplazada, cuya principal consecuencia es que se sacrifica la felicidad presente trabajando en favor de un futuro en el que todo cambiará. Y con esto no le estoy diciendo que sea la cigarra del cuento de *La cigarra y la hormiga*, sino simplemente que se cuestione si está aplazando una decisión que podría tomar ahora por temor a las consecuencias de ésta.

Saber cuál es el peor escenario que podría derivarse de una decisión concreta suele ser con frecuencia una excelente forma de desdramatizar cualquier situación, por eso le pregunto si sabe ya qué es lo peor que le puede pasar.

En último término, la vida sólo puede vivirse desde el amor o desde el miedo. Y en último término, sólo usted decide desde dónde quiere hacerlo. Le resultará fácil encontrar en Internet una lectura llamada *No estás deprimido, estás distraído*. Su autor, Facundo Cabral, dice: «Haz sólo lo que amas y serás feliz. El que hace lo que ama está benditamente condenado al éxito, que llegará cuando tenga que llegar, porque lo que debe ser será. No hagas nada por obligación o compromiso, sino por amor, entonces habrá plenitud. Y en esa plenitud todo es posible y sin esfuerzo, porque te mueve la fuerza natural de la vida».

Desde el amor o desde el miedo. No hay más.

¿Sabe ya que el mejor momento no existe?

«El mejor momento para plantar un árbol fue hace veinte años. El segundo mejor momento es ahora.»

PROVERBIO AFRICANO

«Para el que cree, cualquier cosa le es suficiente para creer. Para el que no cree, nada le resulta suficiente para creer.»

ANÓNIMO

Seguro que conoce la anécdota de dos vendedores de zapatos que fueron enviados por su compañía a la selva para descubrir nuevos mercados. Una vez hechas las investigaciones oportunas, el primero de ellos mandó un telegrama: «No hay ninguna esperanza de vender zapatos aquí; todo el mundo va descalzo». El otro vendedor también escribió un telegrama a la casa central: «Manden mercancía y refuerzos inmediatamente; nadie tiene zapatos aún».

Con cada situación de la vida sucede exactamente lo mismo: hay quien la siente como una magnífica oportunidad y quien la percibe como un desierto infecundo. Los hay que dicen: «Tengo que ver para creer». Otros son más del tipo: «Tengo que creer para ver».

Yo he decidido apuntarme al segundo grupo porque mi experiencia me ha demostrado que puede estar enfrente de lo que está buscando, pero si no cree que lo puede encontrar, no lo verá ni en un millón de años. En el excelente documental *¿Y tú qué sabes?* cuentan una bonita historia. Dicen que «cuando las naves de Colón se acercaron a los indios [...] éstos no las vieron. No pudieron verlas porque como era algo tan diferente a lo que conocían, no podían verlas. El motivo es porque no tenían ningún conocimiento en su cerebro, ninguna experiencia de que existieran carabelas».

Algo que olvidamos con frecuencia es que cada punto de vista es sólo uno de los puntos de vista posibles de una situación. Reflexione sobre esto; es de este tipo de observaciones que le pueden cambiar la vida. La misma calle no se ve igual desde la azotea que desde la acera, con unas creencias o con otras.

**«Cada punto de vista
es sólo uno de los posibles.»**

Cada día estoy más convencido de que cuando hablamos de la realidad, en el fondo, de lo único que estamos hablando es de nosotros mismos: del lugar donde nos situamos en esa realidad. ¿Quiere saber lo que alguien opina sobre un tema? Pregúntele lo que opina «la gente» sobre ese tema. Lo más fácil es que le hable de su realidad: resulta muy difícil pararse un instante y comprender que existen otros puntos de vista. El peligro del punto de vista único, de las historias únicas, es que desvirtúan la realidad. Una joya que encontré en *El libro de los abrazos,* de Eduardo Galeano, dice que «hasta que los leones tengan sus propios historiadores, las historias de cacería seguirán glorificando al cazador».

Si alguien le habla de que el contexto económico, el país, el momento o lo que sea no es favorable, escúchele, pero sea consciente de que en ese mismo momento, mientras ustedes charlan de eso, hay una persona o negocio al que le está marchando mejor que nunca. No hay ningún aspecto de la realidad que afecte a todos por igual. Ninguno. No existe tal cosa como «la realidad». El problema radica en que, como vemos todos los días el mismo barrio, la misma gente y hacemos más o menos las mismas actividades, concluimos, erróneamente, que eso es la realidad.

Cada uno de nosotros vivimos en una realidad diferente, vivimos en mundos paralelos, pero como compartimos escenario es fácil confundirse y llegar a la conclusión de que todos habitamos en el mismo mundo. No es así. En este sentido, creo que nos dirigimos hacia la sociedad de las dos velocidades. La diferencia entre pobres y ricos no para de acentuarse. La distancia entre inforicos e infopobres, también. Y esto es algo que lamento profundamente y que me impulsa a seguir trabajando para evitarlo. Con el nivel de conciencia sucede lo mismo. Cada vez más personas son más conscientes de su vida, de sus relaciones, de sus actos, de su consumo, de las decisiones que toman y de su trabajo. También hay más personas inconscientes e irresponsables con su vida y con las consecuencias de sus actos. No existe nada llamado «realidad», sólo existe una construcción mental desde la que observamos un decorado compartido.

En cualquier situación, de crisis o de bonanza, son muchos los que están esperando a que llegue un momento mejor que el presente para buscar trabajo o para poner en marcha una aventura empresarial. Se han contagiado del miedo. Se han creído el mito de la realidad común. Es una opción. Sin embargo, yo tengo claro que no me voy a esperar para poner en marcha aquellas ideas o proyectos en los que creo.

Algo que aprendí hace tiempo es que lo mejor es enemigo de lo bueno. Es posible que no estemos viviendo la mejor situación para poner en marcha proyectos, no lo sé, pero en el fondo me importa poco. Es la situación que hay y como tal es buena en tanto que existe. Cuando hace frío, hace frío. Cuando hace calor, hace calor. Yo estoy vivo, y para mí eso es suficiente.

En cualquier caso, y si está pensando en emprender alguna idea de negocio, creo que una situación de ralentización económica puede ser buena por los siguientes motivos:

1. Los modelos de negocio a los que les salgan las cuentas en situaciones de crisis serán negocios fuertes y consolidados cuando la situación económica cambie. Y eventual-

mente cambiará. El modo en el que funcionan las cosas cambiará, pero la crisis pasará.

2. Las situaciones difíciles obligan a jugar con mayor cautela. Los cálculos tienden a ser menos optimistas, y la previsión de escenarios, más cuidadosa. Esto le ayudará a curarse de las sobredosis de optimismo, tan frecuentes cuando se comienza cualquier proyecto.
3. En las situaciones de crisis el dinero tiene miedo. Y aunque tenga ganas, no se atreve a irse de excursión. Y eso obliga a planear rutas más seguras, divertidas y estimulantes. Y cuando se consigue esto, el dinero, finalmente, sale de viaje e invierte. Conclusión: hay que trabajarse más las ideas para encontrar financiación o apoyo, y es eso mismo lo que hace que las ideas se maduren y concreten más antes de salir al mercado.

No sé si es el mejor momento, pero sé que la circunstancia que estamos viviendo está obligando a muchas personas a moverse, a echarse a volar, a cuestionarse lo que hasta ahora permanecía incuestionable. Y eso ya es mucho.

En ocasiones somos como el halcón de la fábula. Cuentan que había un rey que tenía un halcón que ni los mejores maestros de cetrería ni los mejores especialistas en aves habían conseguido hacer volar. El rey, sin saber qué hacer, difundió la noticia por todo el reino solicitando ayuda. Poco después, el halcón comenzó a volar. El rey llamó al autor del prodigio: «¿Cómo ha conseguido que vuele el ave?». A lo que el hombre que lo había conseguido respondió: «Fue fácil, alteza, lo único que hice fue cortar la rama sobre la que se apoyaba el pájaro. Una vez ésta desapareció, el halcón se dio cuenta de que podía volar y entonces voló».

Si algo tienen de positivo las situaciones difíciles es que empoderan a las personas que las experimentan, les hacen tomar conciencia de que tienen alas y de que pueden volar majestuosamente más allá de la jaula en la que se encontraban, sin detenerse a reflexionar mucho tiempo si se trata del mejor momento o no. Desengáñese, el mejor momento, esa situación en la que tendrá la certeza de que todo irá bien no existe. No aguarde a que aparezca porque nunca lo hará. Nunca. El mejor momento es ahora, fundamentalmente porque es lo único que tiene.

Y si no es capaz de comprender esto con rotunda nitidez, dedique una tarde a pasearse por un hospital y después acuda a un cementerio. Y si está preparado para emociones fuertes, hable con los enfermos. No sé por qué pasa que cuando vemos el final cerca nos ponemos especialmente lúcidos.

Y cuando la idea de que lo único que tiene es el presente le haya impregnado hasta la última de las células, entonces se dará cuenta de que el mejor momento no existe, de que lo único que existe es el ahora, y entonces no le quedará más remedio que vivirlo.

¿Le impide el bosque ver el árbol?

«No hay regla sin excepción.»
DICHO POPULAR

Le invito a que incorpore la siguiente costumbre: cada vez que escuche un comentario demasiado generalista, aplíquele la regla del uno o, lo que es lo mismo, pregúntese ¿no hay al menos una excepción a ese principio?

Recientemente, una persona que vive en una ciudad de tamaño medio me comentaba que, con la crisis económica que hay, le iba a resultar difícil encontrar empresas que quisieran contratar publicidad en un medio de comunicación local. «Hay mucha crisis y las empresas no quieren gastar en publicidad», se lamentó. Y lo que hice fue aplicar la regla del uno y preguntarle: «¿No hay por lo menos una sola empresa en tu provincia a la que le vaya bien y que esté en proceso de expansión?». La respuesta más lógica parece apuntar a que será una como mínimo, y muy probablemente, alguna más. ¿Cuál es por tanto el trabajo? Buscar esa empresa y ofrecerles algo personalizado y de valor para ellos.

Curiosamente, algunos días más tarde, otra persona me comenta que «no hay hombres disponibles. A mi edad ya están todos casados o no salen de casa». Respuesta: ¿Entonces no hay ni un solo hombre en tu ciudad que esté soltero? ¿O es que todos los solteros pertenecen a una logia secreta que se da cita en las catacumbas y cuyo compromiso número uno es no salir a la calle?

«La vida no transcurre en la foto del satélite, sino en las arrugas de la piel.»

El problema es el mismo: el bosque nos impide ver el árbol. Nos quedamos con la foto del satélite y con la cifra de la estadística, y nos olvidamos de los pormenores y de las excepciones. La vida no transcurre en las fotos de satélite, sino en el detalle, en las arrugas de la piel.

Cuidado con las expresiones y los pensamientos demasiado amplios. Esos del tipo: «La gente es...», «Como hay crisis...» o «Todo el mundo lo hace...». Cada vez que escucho uno, me salta una alarma: son campo abonado para el anidamiento de dispersiones, despistes y desaciertos.

Si aplica la regla del uno, saldrá de las ratoneras de pensamiento que nos hacen creer que la realidad es como el lenguaje la describe. Recuerde lo que dijo Alfred Korzybski: «El mapa no es el territorio». El conocimiento que tenemos del mundo se encuentra radicalmente afectado por el lenguaje que empleamos y por su estructura. Pero aun así el lenguaje no es la realidad.

Si escucha una frase demasiado generalista, aplíquele la regla del uno y pregúntese si ese enunciado no le estará impidiendo ver el árbol.

Cuando Ken Loach, conocido por retratar en sus películas los suburbios y la empobrecida clase media británica, está empezando a incluir elementos de crecimiento personal en sus películas significa que algo está cambiando en nuestra sociedad. En su cinta *Buscando a Eric*, hay una frase que se repite varias veces, casi a modo de mantra: «Siempre hay más posibilidades de las que creemos». Según salí del cine me di cuenta de que me la quedaba, de que me sería útil en un futuro. Decir que siempre hay más posibilidades de las que creemos sintetiza esta idea de que a veces el bosque no nos deja ver el árbol.

¿Aún se queja?

«El agradecimiento es la memoria del corazón.»
LAO TSE

«Si tiene solución, ¿por qué preocuparse? Si no la tiene, ¿por qué preocuparse?»
PROVERBIO CHINO

Voy a compartir con usted una de las prácticas que más han cambiado mi vida. Acostúmbrese a reservar cada día un rato para pensar a quién y a qué está agradecido ese día. Con todo lo inofensiva que parece, esta sencilla práctica, si consigue convertirla en rutina, tiene el potencial de iniciar un giro copernicano en su vida.

Reflexionar cada día sobre qué está agradecido, cambiará su actitud hacia los demás y hacia lo que le sucede. Lo dijo Proust: «Nada ha cambiado, pero, como yo he cambiado, todo ha cambiado». Un cambio de actitud concluye, antes o después, pero necesariamente, en un cambio de vida. Matemática pura al servicio de la felicidad humana.

Si reflexiona más a menudo sobre todas esas pequeñas o grandes cosas por las que tiene que estar agradecido, vivirá más en paz consigo mismo. Será mucho más consciente de todo lo que recibe, empezando por el regalazo que es estar vivo, y esa propia conciencia le permitirá vivir sin miedo, vivir desenfadadamente.

¿Por qué no empezar ahora? Piense en todo aquello por lo que tiene que estar agradecido hoy... Para empezar, por estar vivo... Un, dos, tres, responda otra vez... Con algo de práctica, observará cómo es capaz de encontrar cada vez más motivos por los que dar las gracias... Caerá dormido antes de acabar la lista cada día.

En mi caso, suelo hacer este ejercicio de agradecimiento por la noche, antes de dormirme, aunque en ocasiones, cuando me acuerdo, lo hago también en otros momentos del día: tiene un efecto terapéutico del que no me gusta privarme.

En algunos aspectos, su relación con la vida funciona igual que con una pareja. Uno de los modos más eficaces que se me ocurren de arruinar una relación de pareja consiste en no reconocer ni agradecer a la otra persona lo que hace por uno. Con las amistades sucede igual. La buena noticia es que al revés también funciona: exprésele a su pareja su agradecimiento por ese favor que le ha hecho o por ese plato de comida tan rico que le ha preparado, o por ese detalle casi inapreciable que sólo usted ha observado..., y le estará dando salud, alegría y vida a la relación. ¿Le apetecería cuidar o mimar a alguien que no le da las gracias ni valora lo que hace?

Piense en la vida como en una persona a la que también le gusta que le reconozcan su trabajo. Acostúmbrese a sentir o mostrar agradecimiento y observará cómo inevitablemente empiezan a sucederse cambios.

Soy plenamente consciente de que hay situaciones profundamente difíciles o dolorosas y que en esos momentos resulta difícil pensar en términos de agradecimiento. Entonces surge la duda, el pesimismo, la queja... Sin embargo, he acabado por comprobar que algunas de las realidades más difíciles por las que he pasado han cobrado perfecto sentido tiempo después. A veces, mucho tiempo después. Nos creemos demasiado listos, creemos saber lo que está bien y lo que está mal, para nosotros y para los demás. Nos olvidamos de que formamos parte de un algo más grande que cada uno de nosotros que es la vida y que lo que uno piensa o cree no siempre puede o debe ser... Nos olvidamos de que la vida vive a través de nosotros. Nos olvidamos de que la vida a veces nos ofrece lo que más necesitamos antes de lo que más queremos. Se trata, sin duda, de un reto, pero en las situaciones difíciles es cuando más conviene acordarse de ese principio.

Nietzsche dijo que para volverse sabio, antes debe aprender a escuchar a los perros salvajes que ladran en su sótano. Y una de las consecuencias colaterales de hacer un repaso de su día es que antes o después se enfrentará a cuestiones delicadas, a asuntos que quizá haya ido postergando. Es lo positivo de dejar un espacio para la reflexión: antes o después acabará por escuchar a los perros. ¿Y quién sabe? A lo mejor uno de estos días, antes o después de hacer su ejercicio de agradecimiento, hasta baja al sótano para ver qué sucede.

Y en las antípodas del agradecimiento se encuentra la queja, la crítica que no busca soluciones, sino el simple lamento. Un poco de queja permite el desahogo y puede llegar a ser muy positiva; sin embargo, la línea entre el desahogo y el regodeo en el motivo de la queja es muy delgada. Además, corremos el riesgo de quedarnos empantanados en la queja y no ser capaces de cruzar esa delicada línea de nuevo.

Una buena amiga afirma que debería existir una agrupación de damnificados por la ley de la atracción que organizara charlas y talleres en empresas y colegios, y donde los propios afectados explicaran las consecuencias básicas de esta ley que, como la de la gravedad, rige nuestros destinos la conozcamos o no.

La ley de la atracción afirma que en la vida atraemos lo que somos. Lo semejante atrae lo semejante. Siempre ha sido y siempre será así. Junte en una sala a mil personas y los tres más malvados tardarán un cuarto de hora en juntarse. Pero es que las tres personas interesadas en coleccionar sellos también acabarán por reconocerse. De modo que si usted se mueve en la energía de la queja y el lamento, se estará convirtiendo en una persona problemática. Y atraerá problemas y personas problemáticas. Atraemos lo que somos y somos lo que pensamos. Por eso, ser agradecido es fundamental.

El aikido nos regala una metáfora muy poderosa para comprender cómo podemos enfrentar los acontecimientos que nos suceden en la vida. Especialmente aquellos que no comprendemos o aceptamos.

El aikido es un arte marcial cuya técnica consiste en aprovechar la inercia del agresor en provecho propio. La idea es sencilla: si nos armonizamos con la fuerza agresiva, podremos neutralizar al otro. ¿Se imagina a un practicante de aikido quejándose de que el ataque del adversario no es justo o de que ha sido inesperado? En la vida sucede igual, la queja sirve de poco o de nada. Será más feliz y vivirá mejor si, en lugar de quejarse, acepta lo que sucede.

«Si está peleado con la vida,
sólo puede haber
un perdedor: usted.»

¿Sabe por qué se queja? Porque no acepta lo que sucede, porque se cree que sabe más que la vida o que los demás, porque está íntimamente convencido de que tiene la receta para que el mundo funcione de la mejor manera posible, y cuando no lo hace como usted cree, se queja. Lamentarse es no aceptar la vida tal y como se muestra: es estar peleado con la vida. Y si está peleado con la vida, sólo puede haber un perdedor: usted.

Le resultará fácil encontrar en Internet información sobre unas charlas que Gerardo Schmedling ofreció en el año 2000 en Colombia tituladas «Aceptología». Lo que allí se dice al respecto de la aceptación de lo que nos sucede es de una lucidez extraordinaria, y si es una persona que se queja, tenga o no tenga motivos para ello, puede que estos textos transformen la forma que tiene de concebir la realidad.

Una película llamada *Di que sí* muestra cómo puede cambiar la vida de una persona por el mero hecho de dejar de lamentarse y empezar a fluir con lo que sucede. El protagonista de esta película asiste al seminario de un gurú del crecimiento personal cuya propuesta es tan sencilla como revolucionaria: sus seguidores tienen que decir que sí a todo lo que la vida les proponga u ofrezca. Y de esta manera comprobamos cómo la vida del protagonista da un giro copernicano desde que opta por decir que sí y fluir con todo lo que va pasando. De la queja al «sí a todo». Divertido e impactante.

Una observación, muy personal por cierto, al respecto de la queja es que detrás de ésta, sobre todo cuando están relacionadas con el ámbito laboral, suele haber una falta de misión, una falta de objetivos, una falta de perspectiva, un estar en el camino equivocado. El que sabe adónde se dirige se lamenta menos ante los problemas. Simplemente se detiene, arregla el pinchazo y continúa su viaje.

Y para acabar, comparto con usted otra de mis prácticas habituales. Cuando sucede algo que no me gusta, algo que me genera unas ganas irrefrenables de quejarme, entonces juego a pensar en mis memorias y trato de imaginarme cómo contaré ese problema dentro de muchos años y la manera en que lo solucioné. Y esa distancia y perspectiva me han dado con frecuencia la fuerza necesaria para seguir adelante con distancia y con humor.

Además, en no pocas ocasiones me ha sucedido que, al adoptar este enfoque, me he dado cuenta de que eso que tanto me preocupaba no merecería un hueco en mis memorias.

¿Sabe lo que aporta?

«Cada uno somos una cuenta de explotación con piernas.»
JAVIER FERNÁNDEZ AGUADO

«Al ayudar a los demás a triunfar, encontraré mi propia prosperidad. En el bienestar de los demás, encontraré mi propio bienestar.»
PARAMAHANSA YOGANANDA

«¿Por qué será que todo el mundo se queja de lo poco que gana, pero nadie cuestiona su inteligencia?»
De un comentario en *Lavanguardia.es*

De vez en cuando escucho a alguien que dice: «Gano demasiado poco; deberían pagarme más». Cuando escucho esto, y si es oportuno, acostumbro a responder con dos preguntas: «¿Está seguro?». Si responde que sí, entonces le pregunto: «¿Por qué no pide la cuenta mañana y se marcha?».

Con la primera pregunta lo que pretendo es generar una reflexión sobre lo que la otra persona aporta y lo que no.

No vaya a ser que la queja no esté fundamentada. Una vez hechas las comprobaciones oportunas, la segunda pregunta procura generar una reflexión sobre el valor que aporta esa persona a su organización o a otras similares. Si alguien tiene mucho que aportar, parece lógico pensar que antes o después encontrará un sitio donde le reconozcan ese valor que tiene.

Creo que una sociedad que lo monetariza todo, necesariamente tiene que desperdiciar talentos y aportaciones que, sencillamente, no entran dentro de la lógica de la economía de mercado. También que medirlo todo en términos estrictamente económicos está generando abundantes problemas sociales; es un desatino pensar que un país o una empresa crecen sólo porque su economía ha aumentado... ¿Y el bienestar de las personas?, ¿y cómo se ha distribuido esa renta?, ¿se ha dañado al medio ambiente en la creación de esa riqueza económica?, etc. Y sin embargo, no es menos cierto que un buen ejercicio para cualquiera que se lamente de lo escaso de su salario, de la ausencia del mismo o de la escasez por la que atraviesa su vida sería preguntarse qué valor aporta a su organización o a otras personas.

Un profesor de la facultad nos advertía de que en el futuro no nos pagarían ni un euro más de lo que cada uno se mereciera porque la empresa lo perdería; tampoco un euro menos porque nos marcharíamos a otro sitio. La fe ciega de este hombre en eso que llaman «el Mercado» me sigue pareciendo digna de estudio, pero ojalá más personas reflexionasen sobre la parte de verdad que encierra esta frase.

La realidad es mucho más compleja que quedarse o marcharse por un euro arriba o abajo, pero una excelente pregunta que se formulan pocas personas que trabajan por cuenta ajena, y que podrían hacerse igualmente los que trabajan por cuenta propia o los que están buscando empleo, sería: ¿cuánto valor aporto, o podría aportar, a mi organización o a ésa en la que quiero trabajar?

Hágase útil. Propóngale proyectos o ideas concretas a sus jefes o a las empresas o personas con las que desea emprender un proyecto. Por cierto, no se siente jamás en una mesa sin haber diseñado de antemano qué van a ganar las dos partes. Visualice de antemano cómo ganarán todas las partes implicadas con lo que usted propone y no pare hasta que lo encuentre. Sólo después siéntese a negociar o a proponer.

Si trabaja por cuenta ajena, hágale al jefe una propuesta de desarrollo cerrada: cómo se puede hacer y qué van a ganar la empresa y usted. En la cima hace mucho frío, en el poder es fácil sentirse solo; los jefes no reciben tantas propuestas ni disponen de tantas personas que quieran que la empresa salga adelante. Así que si hace esto, está dejando claro cuál es el valor que aporta o podría aportar. Y, en general, cuesta más trabajo desprenderse de alguien útil que de alguien que no lo es.

Por cierto, si ofrece propuestas o ideas varias veces y no le escuchan o no les dan cabida, es momento de desempolvar los prismáticos para buscar destinos más estimulantes. No le convienen esos compañeros de viaje. Si en el interior de una empresa no están receptivos a propuestas nuevas, significa que están en el paradigma antiguo; significa que no han comprendido nada sobre el cambio tan radical que estamos viviendo.

El modelo yo-mando-tú-ejecutas es tan siglo XX... La tendencia apunta a que sólo sobrevivirá el emprendedor, el intraemprendedor, el visionario, el creativo... Los tipos con miedo, lentos, que no innovan y pegados con Super Glue a su silla son cadáveres en potencia. En el nuevo mundo necesitamos gente despierta y desafiadores del statu quo y de las-cosas-siempre-han-sido-así. Este nuevo paradigma hay personas y empresas que lo entienden y otras que no. Si no lo ven, no se preocupe, ya lo sufrirán. En cualquier caso, yo iría preparando las maletas.

Si quiere que las cosas le vayan bien, pregúntese con cierta frecuencia cuál es el valor que aporta en ese momento o cómo le está resultando útil a los demás. Concentre su energía en inventar, mejorar o crear algo que le haga la vida más fácil a los demás. Hacer esto no es garantía de éxito, pero obviar esta idea lo hará todo mucho más difícil.

En el libro *Nunca coma solo*, Ferrazi menciona lo que llama «la pregunta del aeropuerto». Dice que los consultores, cuando tienen que elegir a una persona entre un grupo de candidatos, se preguntan a sí mismos: «Si me quedara atrapado en un aeropuerto durante varias horas, ¿me gustaría estar con esa persona?».

Dicho de otra forma: ¿es usted una persona que aporta algo a los demás y con la que todo el mundo está deseando pasar un rato? La propuesta está clara: si quiere que cuenten con usted, tiene que hacerse merecedor de aquello que quiere recibir. ¿Se merece lo que desea? Tiene que prepararse para que cuando aparezca lo que espera, sea capaz de reconocerlo y aprovecharlo. En lo profesional o en lo personal, no hay más truco que trabajarse a uno mismo y lo que puede ofrecer a los demás para que sea inevitable que reciba aquello que tanto desea.

En lo profesional, es el concepto de empleabilidad. Olvídese de títulos y de diplomas. Pregúntese qué problemas puede solucionar a los demás o cómo les puede hacer ganar dinero o vivir más felices. Encuentre la respuesta y el resto vendrá solo. Olvídese del currículum. Piense en alguien a quien admira... ¿Le pediría el currículum para trabajar a su lado o dejaría de hacerlo por un «mal» currículum?

Nadie quiere saber a cuántos cursos ha asistido ni dónde estudió, pero cualquier persona estará encantada de escucharle si le explica de qué forma todos esos títulos pueden ayudarle.

Aún queda quien dice que es, pongamos por caso, periodista o ingeniero de caminos. Pero eso no es mucho... ¿Usted, qué aporta al resto del planeta? Eso me interesa, su título no me importa. ¿En qué nos puede ayudar? Eso es lo que queremos saber. El resto nos da sueño. La mayoría de las titulaciones sólo sirven para que sus abuelos estén orgullosos de usted; lo que ha estudiado no explica cómo ayuda a los demás ni es garantía de mucho. Su título me da tanta información sobre sus capacidades profesionales como si me dice que le gusta bailar flamenco.

Dicen que hasta un chimpancé podría hablar de economía con que tan sólo comprendiera dos conceptos: oferta y demanda. Y si su aportación consiste en algo que muchos otros pueden hacer, su valor es escaso porque es fácilmente sustituible: mucha oferta y poca demanda.

Si no ofrece algo diferente al resto de personas, antes o después le irá mal, muy mal.

Pero, para mí, lo más importante de todo esto es que cada persona es única y diferente a todas las demás. Cada persona disfruta de unos talentos, habilidades, destrezas y capacidades que la hacen diferente de cualquier otra persona. Usted también. No sé quién es pero sé que es una persona única que tiene un don, un talento, una capacidad o habilidad excepcional que aportarnos a los demás. También sé que si no la está poniendo en juego es porque tiene miedo de brillar con luz propia.

«Pregúntese: "¿cómo estoy ayudando a los demás?". Eso es lo único de lo que debe preocuparse.»

Por eso creo que algo falla cuando una persona tiene un trabajo en el que es fácilmente sustituible. En mi opinión, cuando alguien no le imprime un carácter único a lo que hace, eso significa que sus talentos están infrautilizados, que aún no ha desarrollado todo el potencial que por el mero hecho de ser un ser humano lleva dentro, que aún no ha encontrado la manera de servir al resto de manera única.

Por favor, encuentre su esencia y desarróllela. Deje de ser común, de ser igual que los demás. Y si el discurso de la felicidad, de permitir que la abundancia fluya hacia usted y de encontrar un camino en la vida le parece poco, entonces escuche lo que dicen Nordström y Ridderstråle en *Funky Business Forever*: «Para tener éxito debemos dejar de ser tan jodidamente corrientes. En un mundo en el que el ganador se lo lleva todo, normal es igual a nada».

Por si se le ha pasado desapercibido: normal es igual a nada.

¿Ha probado a dejar de ser normal y a empezar a ser usted mismo?

Sólo eso: usted mismo.

Puede tener un empleo, trabajar por cuenta propia o estar en desempleo, eso da igual, pero, por favor, acostúmbrese a preguntarse de vez en cuando: ¿qué valor aporto yo a este proyecto, a esta empresa, al mundo?... ¿Por qué motivo no soy fácilmente sustituible? ¿En qué me diferencio? Pero, sobre todo, ¿cómo estoy ayudando a los demás?

¿Se equivoca con frecuencia?

«Si te equivocas sólo de vez en cuando, es que no estás aprovechando todas las oportunidades.»

WOODY ALLEN

«Da igual. Prueba otra vez. Fracasa otra vez. Fracasa mejor.»

SAMUEL BECKETT

«Si quieres maldecir a alguien, deséale diez años de bonanza.»

PROVERBIO CHINO

Recientemente entrevisté en el espacio de radio «Pensamiento positivo» a José Luis Montes, autor del libro *El hombre que tuvo la fortuna de fracasar*, en un espacio que dedicamos al tema del éxito y del fracaso.

Hay un momento del libro de José Luis que dice: «¿Qué pasa si lo que pensamos que queremos no es lo que deseamos en realidad? ¿Qué pasa si, además, no es lo que verdaderamente necesitamos? ¿Qué pasa si, incluso, conseguir lo que pensamos que queremos nos aleja de lo que de verdad queremos? [...] ¿Por qué hay tanta gente infeliz, deprimida, insatisfecha? [...] ¿Quizá porque lo que persiguen y consiguen no es lo que verdaderamente quieren?».

Es la idea de fracaso antes del fracaso. Consiga o no lo que se propone, si lo que se ha propuesto no es lo que sinceramente desea, fracasará. Pública o secretamente, pero fracasará.

«En la vida hay éxito o aprendizaje.»

Un refrán dice que hay más lamentos por las plegarias atendidas que por las no atendidas. De nuevo: creemos desear lo que en realidad no deseamos.

La cuestión no es si se tiene éxito o no. De hecho, fracasar, entendiendo por fracasar no conseguir los objetivos que uno se ha propuesto a priori, antes o después es inevitable. Lo importante es elegir con extremo mimo y cautela esos objetivos, actuar de acuerdo a los valores y principios de uno mismo y pasárselo lo mejor posible por el camino. Eso es el éxito antes del éxito.

Con esta estrategia siempre gana: pruebe a hacer lo que sinceramente desee. Lo consiga o no, siempre gana. La razón es sencilla: cada día de su vida estará feliz y orgulloso de lo que hace. Actúe siempre de acuerdo a sus valores. Actúe siempre, siempre, siempre correctamente. Si lo hace así, es invencible. Da igual lo que suceda o deje de suceder: de antemano ha ganado. Yo he llegado a la conclusión de que en la vida suceden cosas que no siempre comprendo, por eso cuando me planteo algo, lo consiga o no, trato de no preocuparme en exceso.

Vivimos en un mundo en el que está desprestigiado el error. En el que equivocarse está mal visto. Todo el mundo quiere tener éxito, y es normal. Pero no se puede acertar sin equivocarse. Son las dos caras de una misma moneda.

–Maestro, ¿cómo aprendo a triunfar?

–Aprendiendo a fracasar.

Por eso, yo le pregunto: ¿se equivoca con frecuencia? Cuanto más se equivoque, más cerca estará de vivir la vida que desea. No hay recompensa sin riesgo. El aprendizaje es más rápido si sabemos interpretar correctamente el error. Y no se podrá equivocar si tiene miedo porque éste le paralizará.

Y en cualquier caso, se equivoque o acierte, recuerde la lección que nos regaló Epícteto, en su imprescindible y lúcido *Un manual de vida*: «No nos afecta lo que nos sucede, sino lo que hacemos con lo que nos sucede».

De nuevo, la cuestión no es tanto equivocarse como el discurso que se haga con ese fracaso… o con ese acierto. Una amiga afirma que en la vida sólo hay éxito o aprendizaje. Estoy de acuerdo: el pasaporte más rápido hacia el éxito es aprender de los errores.

¿Hace como los mosquitos?

«Tienes que ver en ti el cambio que quieres ver en el mundo.»

GANDHI

«Un gran poder conlleva una gran responsabilidad.»

SPIDERMAN

«No. No lo intentes. Hazlo o no lo hagas, pero no lo intentes.»

MAESTRO YODA, *La guerra de las galaxias*

Decía Ortega y Gasset que toda verdad ignorada prepara su venganza. Y una de las grandes verdades ignoradas de este tiempo que vivimos es que cada uno de nosotros es el máximo responsable de su vida.

Le propongo que escoja un problema social. El que quiera. El cambio climático, el paro, la hambruna... El que desee. Después salga a la calle y pregunte a cien personas quién es el responsable del mismo. Si esto le da pereza, haga un pequeño sondeo con su familia, amigos o entorno laboral. Comprobará que, salvo algún caso aislado, le responderán que la responsabilidad es de los políticos, los banqueros, las inmobiliarias, el Banco Central Europeo o el alcalde de su pueblo.

Comprobará también que ninguno de ellos siente ninguna responsabilidad sobre lo que ha pasado. Ninguna. Sólo algún atrevido le dirá que él también tuvo algo que ver o que «todos» hemos aportado nuestro granito de arena.

Y si se siente con ganas de seguir investigando y experimentando sensaciones nuevas, puede formularles también esta pregunta: en una escala de cero a diez, ¿cómo de responsable se siente de lo que le sucede en su vida?

Escuche con atención las respuestas. Son mayoría los que no desean hacerse responsables de sus vidas. Es demasiado duro. Así que de lo de hacerse responsables de lo que pasa en su comunidad, empresa, localidad o barrio no quieren ni oir hablar. Existe un profundo desconocimiento de que somos los únicos responsables de las decisiones que tomamos en nuestra vida. Fíjese que digo «de las decisiones» y no «de lo que sucede». Sufrimos una ignorancia generalizada del poder que tenemos como seres humanos para hacer que las cosas sucedan y para influenciar positivamente nuestras vidas y las de los demás. Y ésta es una de esas verdades ignoradas que preparan su venganza.

¿Ha presenciado alguna vez una pelea de niños en el colegio? Es especialmente elocuente. Si le pregunta a Manolito por qué ha pegado a Juanito, le dirá que porque el otro lo agredió. Pero lo fascinante viene cuando después le pregunta a Juanito: le dirá que pega a Manolito porque fue el otro quien le pegó. Ninguno asume su parte de responsabilidad. Ninguno dice: «Le pego porque me da la gana». Luego a Juanito y a Manolito les crece el cuerpo, pero esta dinámica, que permite pelearse sin tener aparentemente responsabilidad alguna, se mantiene.

–¿Por qué está amargado?
–Por mi jefe.

Por eso, cuando le pregunta a Juanito por qué no lleva la vida que desea, dice que la culpa la tiene Manolito, que es su jefe y que no le paga lo que se merece, o que la culpa la tiene Manolito, que es el político de turno. Pero la culpa, obsérvelo, es siempre de otro.

–¿Cómo es que ha llegado media hora tarde?
–Por el tráfico.

Es evidente que uno no es responsable de todo lo que le pasa en la vida. Ésta reparte a cada persona unas cartas determinadas cuyo sentido es muy difícil o incluso casi imposible de comprender en determinadas ocasiones. Es evidente que vivimos en un mundo lleno de injusticias. Sin embargo, he observado cómo éstas, lamentablemente, son empleadas en ocasiones como justificación para no cambiar determinadas situaciones personales. Cada persona es responsable de cómo juega las cartas que la vida le ha entregado, por muy malas que éstas sean.

Si ha jugado o visto alguna vez una partida de póquer, sabrá que se puede ganar una partida incluso con la peor combinación de cartas. Parece más razonable aceptar las cartas que la vida nos ha dado e intentar jugar una buena partida que lamentarse o escudarse en éstas para justificar, muchas veces de antemano, la pérdida de una partida.

El problema radica cuando una persona no toma las riendas de su vida. Algunos se creen con el derecho a no hacerlo porque determinadas circunstancias de su vida no les favorecieron en un momento dado. Y precisamente por esto, delegan parte de esa responsabilidad en sus padres (que no les ayudaron), en el entorno en el que se criaron (sin oportunidades), en la sociedad (que no les comprende o que es injusta) o en su jefe o empresa (que no les retribuyen o reconocen).

Y mientras esto ocurre, su vida se consume... Tic, tac, tic, tac, tic, tac...

En una sociedad infantilizada son muy pocos los que están dispuestos a asumir la responsabilidad de lo que sucede. Aparentemente, y sólo aparentemente, es mucho más fácil quejarse que tomar las riendas. El problema de fondo es que nos sentimos pequeñitos y no somos conscientes del poder que poseemos.

Robin Sharma tiene un libro lleno de hallazgos que se llama *Éxito. Una guía extraordinaria*, donde encontré una idea que me parece realmente inspiradora y que es de la fundadora de la cadena The Body Shop: «Si crees que eres demasiado pequeño para ejercer cualquier influencia, intenta acostarte con un mosquito en la habitación».

No somos conscientes del poder que tenemos porque estamos dispersos. Suena a cliché eso de que usamos el 5% o el 10% de nuestro cerebro, pero yo creo que es verdad. Pruebe a concentrarse en algo y comprobará que el poder del que dispone es casi ilimitado. Cualquiera que haya tenido la fortuna de haber vivido concentrado en algún momento de su vida habrá comprobado que esos momentos han sido de dicha, de consecución de logros extraordinarios.

¿Qué pasaba cuando tenía un examen al día siguiente y no había estudiado? Pues que esa tarde obtenía un desempeño excepcional. Y como consecuencia de esto, aprobaba el examen. ¿El motivo? Estaba concentrado. No estaba disperso. Focalice su energía en algo concreto y se maravillará. No soy capaz de imaginarme cómo funcionará nuestra sociedad cuando seamos conscientes de esta otra verdad ignorada.

Ojalá cada uno de nosotros tomara conciencia del poder que tiene como persona, como trabajador, como amigo, como pareja, como líder, pero sobre todo como líder de sí mismo, como ciudadano... Ansío ver nuestra sociedad el día en el que cada uno de nosotros decida hacer frente a su colección de miedos y se convierta en ese pequeño mosquito.

Hace años vivía en un lugar donde algunos jóvenes robaban la gasolina de los coches. Lo hacían cortando los tubos que llevan la gasolina por debajo del coche. Así que durante mucho tiempo tuve que inspeccionar debajo del coche antes de arrancar para comprobar si habían cortado los tubos y para, en multitud de ocasiones, tener que empalmar el conducto antes de poder marcharme. Después, dejaron de hacerlo y me olvidé por completo de este asunto. Hasta hace poco, cuando una mañana uno de estos empalmes se rompió. Entonces, mientras estaba debajo del coche solucionando el problema, me di cuenta de la repercusión que tienen nuestros actos en el mundo. Seguramente la persona que me robó la gasolina no se pudo imaginar que muchos años después su acción tendría aún una consecuencia. El lado positivo de esta cuestión es que al revés sucede exactamente lo mismo: nadie puede saber la consecuencia de una palabra pronunciada en el momento adecuado, de una iniciativa llevada a cabo con un fin noble, incluso muchos años después. Y como no somos conscientes del poder que tenemos, vivimos desempoderados.

¿Conoce la idea de «empoderamiento»? Estar empoderado significa ser consciente del poder que tiene como persona para tomar decisiones y actuar. Estar empoderado significa ser capaz de imaginar un futuro diferente. Estar empoderado quiere decir no dejar pasar los días sin hacer nada. Cuando una persona está empoderada, detecta y aprovecha ese pequeño margen de actuación que cada ser humano tiene, sea cual sea la circunstancia que le haya tocado vivir.

En esta línea, Stephen Covey diferencia entre «círculo de preocupación» y «círculo de influencia». El primero hace referencia a todas nuestras preocupaciones, al margen de que tengamos algún control real sobre ellas o no. Mientras que el círculo de influencia se refiere a todas aquellas sobre las que sí podemos hacer algo. Las personas proactivas y empoderadas concentran su tiempo y energía sobre el círculo de influencia, mientras que las personas reactivas se concentran en aquello sobre lo que no tienen ninguna influencia.

Trabajar con nuestros recursos en nuestro círculo de influencia nos empodera porque podemos generar cambios. Y esto, además de hacernos personas más felices, hace que paralelamente el círculo de influencia se haga cada vez mayor.

Pues bien, vivimos en una sociedad de personas desempoderadas, de personas que dedican más tiempo a quejarse que a solucionar las cosas. Y a mí, ver proyectos de vidas no vividas es algo que me produce una profunda tristeza. Ya lo dijo Jung, y yo creo que esta frase es más literal de lo que aparenta: «Una vida no vivida es una enfermedad de la que se puede morir».

Quizá está pensando que su caso es diferente, que realmente no hay cosa que pueda hacer para empezar a cambiar un poco, que madruga demasiado, que debe mucho dinero, que trabaja muchas horas o que atender a sus hijos le ocupa mucho tiempo. Es posible que lo tenga realmente difícil, es posible que sus circunstancias sean excepcionalmente complejas; sin embargo, siempre hay un pequeño margen de actuación. Mínimo quizá. Siempre podrá aprovechar para leer un rato cada día, para formarse, para ver menos televisión, para llevar una alimentación un poco más saludable, para dejar de frecuentar ese ambiente que no le conviene, para ponerse en marcha hacia la vida que desea.

Un pequeño gesto, al principio, es más que suficiente porque el pequeño gesto conducirá sin duda al grande, como una larga caminata empieza por un primer paso. Detrás de cualquier vida que admire hay una persona que empezó por una pequeña decisión. Normalmente incómoda. Recuerde lo que decía Peter Drucker: «Detrás de una empresa de éxito, alguien tomó una decisión valiente». Y con las personas sucede lo mismo: detrás de una persona de éxito, siempre hubo al menos una decisión difícil.

En cualquier caso, tenga una cosa clara: no se puede no elegir. Si usted no elige, alguien lo hará por usted. Cada decisión que no toma, alguien la está tomando en su lugar.

Si no quiere seleccionar qué película ver esta noche, habrá un programador que lo elegirá por usted con entusiasmo. Si no elige qué hacer con su dinero, habrá una oficina bancaria que estará encantada de pensar en su lugar. Si no quiere preocuparse de su salud, habrá una empresa ilusionada con la idea de venderle algo para solucionarle el problema cuando aparezca y si no sabe qué hacer con sus vacaciones, no se preocupe, alguien ya le ha preparado un itinerario detallado al minuto en el que le indicarán incluso dónde tomar las fotografías.

«No puede no elegir.»

Toda nuestra sociedad está pensada para que, si lo desea, no se tenga que involucrar con la siempre algo engorrosa tarea de decidir. Pero recuerde, no puede no elegir.

Puede ceder la potestad de elegir a otros, pero si regala precisamente lo que le hace libre, ¿qué podrá esperar de la vida entonces?

¿Aún no se ha dado cuenta de que lo que hace no le interesa a nadie?

«Perdona que te escriba una carta tan larga; no tuve tiempo de hacerla más corta.»

Carta de MARX a ENGELS

«Habla sólo cuando estés seguro de que tus palabras son más bellas que el silencio.»

PROVERBIO ÁRABE

Sostengo que, como civilización, este hecho nos traerá problemas, pero lo cierto es que el *spot* publicitario ha ganado la batalla al resto de los formatos de comunicación.

Ha ganado, y se ha impuesto como modelo predominante, al *e-mail*, a la carta, al cine, a la novela o a cualquiera de los géneros de la prensa.

Y lo ha hecho porque lo audiovisual es más fácil de entender que lo escrito, pero sobre todo porque apela a la emoción más que al intelecto.

Además, y por si lo anterior no fuera suficiente, la publicidad es capaz de resumir y de quedarse con lo esencial.

Y esto, en un mundo saturado de información, la verdad es que se agradece.

El problema de que el *spot* haya ganado es que ha impuesto una pequeña dictadura: lo que no es breve y divertido no genera ningún interés.

Y si desea transformar el guión de su vida, antes o después va a tener que despertar algo de interés en los demás. De hecho, sin unas habilidades comunicativas mínimas lo va a tener mucho más difícil: en la sociedad de la información no llegará muy lejos sin saber escribir, saber hablar y saber escuchar... Y si le da miedo o pereza mejorar cualquiera de estas habilidades, le costará más esfuerzo.

Hoy se impone la dictadura de lo concreto o, si lo prefiere, la economía de la atención: cada vez resulta más difícil conseguir la atención de los demás. De hecho, todos sufrimos de cierto déficit de concentración debido a la cantidad de estímulos que recibimos cada día.

Se dice que un periódico de hoy en día contiene la misma información que recibía en toda su vida un ciudadano de la Edad Media. Se calcula que un habitante de una gran ciudad recibe alrededor de 100.000 estímulos informativos cada día, de los cuales el 10% son publicitarios. Y yo sospecho que son aún más. ¿Sabía que la cantidad de anuncios que se calcula que un niño ha visto para cuando cumple 18 años es de cerca de 200.000? ¿Sabía que, de media, para cuando una persona cumpla los 65 años habrá visto en torno a dos millones de anuncios? ¿Sabía que Google está recibiendo más de 2.700 millones de búsquedas diarias y que la cantidad de información técnica se duplica cada año?

Los hechos son contundentes: el que no es capaz de comunicarse de manera clara, divertida y concentrada en lo esencial aburre y no logra captar la atención de otras personas.

Tome como punto de partida que lo que usted hace, dice, vende o piensa no le interesa a nadie. Además, probablemente no esté lejos de acertar. Éste es el principio sobre el que se asienta cualquier comunicación eficaz. Sólo comprendiendo que lo que hace resulta, a priori, irrelevante para el resto de la humanidad, conseguirá hacer algo para sintetizar y conseguir la atención de los demás.

«Lo que usted hace, dice, piensa o vende, a priori, no le interesa a nadie.»

Con frecuencia sucede que alguien está tan concentrado en su vida, proyecto, producto u organización que se olvida de que cuando se lo cuenta a otras personas tiene que concentrarse en ser breve, concreto y en explicar claramente para qué le sirve a su interlocutor esa comunicación.

Sufrimos de sobredosis de ombliguismo: nos encanta demasiado lo que hacemos y queremos contar hasta el último detalle. Y sin embargo, es precisamente al revés: menos es más. No cuente muchas ideas, escoja una y repítala todo el rato.

Explicar lo que hace en más de tres frases es una novela por entregas. El *spot* ha ganado. Esto es el siglo XXI. O es breve, o aburre. Y casi me atrevo a decir que o se es breve, o no se es.

Y si además de breve es concreto, comprobará que, entre otras cosas, sus relaciones mejoran. Ser breve es una señal de buena educación porque respeta el tiempo y la energía de los demás.

Por favor, sea ecoinformativo, vaya al grano, deje la literatura para los buenos escritores. Ya hay suficiente información inútil y suficientes conversaciones que ya han sido pronunciadas una y otra vez como para añadir más. En resumen: concreción o silencio. Mejor aún: concreción y silencio.

He visto con frecuencia cómo personas con ideas o proyectos brillantes fallaban precisamente a la hora de exponerlos públicamente y cómo eso lastraba su crecimiento. Y la causa radica normalmente en que no son capaces de explicar a su interlocutor claramente lo que ofrecen. Le propongo tres preguntas sencillas pero de una eficacia abrumadora:

–¿Es capaz de contar en dos líneas lo que propone, lo que cuenta…?

–¿La otra persona lo ha entendido? ¿Seguro?

–¿Lo ha conseguido hacer sintéticamente?

No falla. Es la prueba del algodón de una comunicación eficaz.

¿Tiene trabajos o proyectos?

«La innovación distingue al líder del seguidor.»
STEVE JOBS

«La fábrica del futuro tendrá sólo dos empleados: un hombre y un perro. El cometido del hombre será dar de comer al perro. El del perro será cuidar de que el hombre no toque el equipo.»
WARREN G. BENNIS

A estas alturas parece inútil negar que, posiblemente, estamos experimentando uno de los mayores cambios jamás producidos en la historia de la humanidad. La transformación es a todos los niveles: económica, financiera, social, laboral, política, demográfica, medioambiental, cultural y de conciencia... Y nos afecta a todos, independientemente del país o continente en el que vivamos y de la raza, credo o nivel socioeconómico.

Es un tsunami que alcanza a todo y a todos. Es un cambio de paradigma que también está revolucionando, como no podía ser de otra forma, el concepto de puesto de trabajo o de empleo tal y como lo entendíamos hasta ahora. Hasta el punto de que lo está convirtiendo en una especie en serio peligro de extinción.

Nuestro día a día nos hace intuir que hay algo que está cambiando muy rápidamente y que las cosas no funcionan como lo hacían hace veinte años, ni tan siquiera como hace cinco. Y presentimos que dentro de otros cinco o diez funcionarán de una manera mucho más diferente. Por cierto, que nadie mate al mensajero: en este capítulo sólo reflexionaremos sobre las claves para comprender y afrontar este monumental cambio.

Más allá de nuestra experiencia cotidiana y personal, los datos apuntan a que todo esto que vemos no es sino la punta del iceberg. Un estudio de Karl Fisch aporta cifras que llevan a pensar que el gran cambio está aún por llegar.

Su investigación señala que, por ejemplo, en los próximos ocho segundos por cada bebé nacido en EE. UU. nacerán cuatro en China y cinco en India; que en el 2002, EE. UU. generó 1,3 millones de graduados, mientras que en India fueron tres millones y casi 3,5 millones en China; que el 25% de la población china con el coeficiente intelectual más alto excede a la población total de EE. UU.; que los diez empleos más demandados en EE. UU. en el 2010 no existían en el 2004; que el presupuesto de Nintendo para investigación y desarrollo duplica el presupuesto de investigación e innovación en educación del gobierno de EE. UU., o que sólo este año se generará más información que en los cinco mil anteriores.

Si sigue pensando que la clave para tener éxito laboral en la vida es cursar una carrera universitaria y encontrar un empleo por cuenta ajena, si ése es su caso, no me extraña que todo este cambio le provoque miedo. Pánico es lo que tendría yo. Pero si cambia de paradigma, comprobará cómo de hecho este cambio tiene algunas ventajas.

El empleo-estable-para-toda-la-vida está amenazado de muerte en Occidente. La buena noticia es que su carrera profesional no lo está. Una frase de Reg Revans dice que todo organismo sobrevive sólo si su tasa de cambio es igual o superior a la del entorno. Y si hay algo que está cambiando ahora mismo es el entorno. Toca reciclarse.

Vivimos un tiempo de cambios exponenciales. Una de las características por la que los historiadores del futuro definirán nuestra época actual será por la rapidez con la que se suceden los cambios. El empleo por cuenta ajena, tal y como lo habíamos concebido, lo incluirán dentro de poco en los libros de primaria para explicarlo en las escuelas.

Lo cierto es que no tengo una opinión muy clara de las consecuencias que esto puede acarrear en los próximos años, pero lo que sí que tengo claro es que el mundo laboral no volverá a ser como antes y que muchas personas se quedarán descolgadas ante este gran tsunami.

Un solo trabajo es una temeridad

Recientemente, una amiga me expresó su alegría porque había encontrado un empleo por cuenta ajena. Pasados unos minutos, y una vez compartida la alegría que esto le supuso porque realmente necesitaba una fuente de ingresos, me preguntó mi opinión al respecto.

Aunque presiento que ya la conocía de antemano, le pregunté qué le parecería si El Corte Inglés anunciara públicamente que iba a quedarse con un solo cliente en toda España. Buenísimo, eso sí, pero solo uno. «Una locura», me dijo. «¿Garantizaría eso el futuro de la empresa?» «De ninguna manera», afirmó. «Pues eso es lo que estás haciendo tú…»

Considérese una empresa

Si en lugar de pensar en usted como un trabajador, se considerase a sí mismo como una pequeña empresa, la perspectiva cambiaría ligeramente. Tener un solo cliente es, sencillamente, una temeridad para cualquier compañía. Ésta es la lección número uno de cualquier emprendedor y debería serlo para cualquier trabajador también. Le invito, si es que aún no lo ha hecho, a que haga este cambio de enfoque.

La inercia de cómo han funcionado las cosas en las últimas décadas nos impide darnos cuenta de que hoy por hoy es un disparate depender de un solo pagador.

«Trabajar para una sola empresa o cliente es arriesgado.»

Lo cierto es que este modelo ha funcionado bien durante muchos años gracias a un pacto social en el que existía cierta estabilidad laboral y donde, en el improbable caso de despido, el trabajador era indemnizado y tenía derecho a prestación por desempleo. A cambio, el empresario recibía fidelidad y entrega.

Pero este sistema está en este momento en el punto de mira y todo parece indicar que irá progresivamente desapareciendo. Conclusión: trabajar para una sola empresa se está convirtiendo progresivamente en una opción cada vez menos sensata. Simplemente se trata de una opción demasiado imprudente, de algo que hoy en día es gratuitamente arriesgado.

Es una tendencia

Un concepto que me entusiasma es el de «tendencia». Comprender las tendencias, además de ser algo fascinante, le resultará útil para saber por dónde irán los tiros en un futuro. Pues bien, la tendencia actual del mundo del empleo es clara: los trabajos por cuenta ajena están en retroceso; trabajar por proyecto es la nueva tendencia. Por eso le preguntaba al principio si tiene trabajos o proyectos.

Buscar un empleo en un contexto en el que éstos desaparecen complica una operación que ya de por sí entraña cierta dificultad. Es la época de los proyectos. Usted decide, pero después no diga que nadie le avisó.

¿Me permite una sugerencia, especialmente si es un trabajador del conocimiento? Repita la siguiente frase a modo de mantra. Hágalo varias veces al día. Cuando se acueste y cuando se levante. No importa si trabaja por cuenta ajena o por cuenta propia. No cese hasta que la haya memorizado cada célula de su cuerpo: usted (profesionalmente hablando) es sus proyectos.

Soy perfectamente consciente de que este cambio no afectará a todos los sectores productivos por igual; hay determinadas actividades que probablemente se seguirán desempeñando como en la actualidad por mucho tiempo. Pero para aquellos sectores que trabajan con el talento, la creatividad, la innovación, la información o el conocimiento, la tendencia ya está consolidada: se impone el proyecto y desaparece el trabajo. Y la consecuencia natural del paso del empleo al proyecto es que cada vez hay más personas autoempleadas.

Desaparece el trabajo y llega el proyecto. El modelo de la era de la información o del conocimiento se parece mucho al que ya lleva funcionando mucho tiempo en Hollywood. Allí las personas trabajan por proyectos: se forma un equipo para sacar adelante una producción cinematográfica y cuando la terminan, el equipo lo festeja. Después se despiden y esperan o buscan otra oportunidad para trabajar juntos.

El talento es lo que diferenciará a unos trabajadores de otros. El talentismo, una época en la que el talento es más escaso que el capital, ya está aquí y como dicen en *Funky Business Forever*: «El talento hace bailar al capital». El talento ya no se deja engañar ni rinde pleitesía al contratador porque sabe que encontrará otras oportunidades y que la vida es demasiado corta. El talentismo lidera un cambio de valores. El tiempo en el que el talento no tenía otro remedio que trabajar para compañías grandes (o medianas, o pequeñas) se ha terminado. Se impone el proyecto y con él, la libertad, con todas las consecuencias, positivas y negativas, que acarrea.

La nación del agente libre

«Adiós al hombre de empresa» es el título del primer capítulo del libro *Free Agent Nation (La nación de los agentes libres)*, un libro en el que Daniel Pink explica un cambio social silencioso pero imparable: el de los agentes libres, el de los *freelances*, el de los autónomos, el del autoempleo..., un fenómeno que involucra a 25 millones de norteamericanos y a más de tres millones en España.

Creo que el término de la nación de los agentes libres es afortunado porque cada vez más personas optan por autoemplearse, por ser emprendedoras, por montar una microempresa, por hacerse infoemprendedores..., por ser, en definitiva, agentes libres.

Puede que sea porque están cansadas de falsas promesas, de jornadas interminables, de retribuciones escasas o de desempeñar trabajos carentes de significado. También hay muchos que han llegado de rebote a esta situación debido a un despido o a que simplemente no han sido capaces de encontrar una ocupación a la altura de sus expectativas.

En cualquier caso, las cifras están ahí. Por un lado, las empresas no quieren contratar empleados y, por otro, cada vez son más los trabajadores que desean ser agentes libres, que prefieren trabajar por proyecto, que no están satisfechos con un modelo de trabajo propio de la extinta era industrial.

Deslocalización

Y por si todo esto fuera poco, la producción de determinados productos fuera de Occidente se extiende como la pólvora a sectores que hace unos años hubieran sido sencillamente impensables. Y lo mismo está sucediendo con determinados servicios. Hoy en día no es ciencia ficción, sino una realidad cada vez más común, y de consecuencias sociales por cierto imprevisibles, que su asistente viva a diez mil kilómetros de distancia y su informático, a ocho mil.

El fenómeno de la deslocalización, que empezó afectando a grandes corporaciones, está ya al nivel de las pymes y autoempleados. Y lo cierto es que no soy capaz de prever las consecuencias e implicaciones de este fenómeno. Sólo en mi entorno, conozco a varios autónomos que ya están contratando productos y servicios en lugares tan dispares como Argentina, Filipinas, India o China. No le hablo de grandes corporaciones, sino de pequeños profesionales sin empleados que trabajan desde su casa o despacho en España.

El trabajador europeo del futuro será un trabajador con marca, alguien con especialización y reconocido por ser líder en un nicho concreto del mercado… o probablemente será alguien pésimamente retribuido. Estos últimos son los que Andrés Pérez, autor del libro *Marca personal*, denomina «profesionales de marca blanca».

Marca blanca

Cualquier consumidor conoce los productos de marca blanca, propios de las grandes cadenas de distribución. Tienen dos características en común: una calidad por lo general alta, o al menos muy aceptable, y un precio muy competitivo en su relación calidad-precio. Pero, desde el punto de vista del vendedor, tienen un problema: son fácilmente sustituibles. No son percibidos como algo especial. Carecen de personalidad.

Algo parecido sucede con los profesionales de marca blanca. Son todos aquellos que, teniendo una buena calidad, son, sin embargo, fácilmente sustituibles. Y esto es algo que atormenta a muchos profesionales que, siendo conscientes de que desempeñan un buen trabajo, no acaban de entender por qué el mercado laboral no les ofrece mejores condiciones o, en muchos casos, ninguna condición.

La respuesta es sencilla: no son diferentes. Y si encontrar trabajo puede ser una pesadilla, hacerlo sin disponer de una característica diferencial concreta se convierte en misión casi imposible.

Cada año se incorporan al mercado miles y miles de trabajadores con una alta cualificación, pero con un grave problema: son muy parecidos entre sí. Les sucede como a los productos de marca blanca: son fácilmente sustituibles. Sinceramente, no veo más que nubes negras en el horizonte de estos profesionales.

Si a pesar de todo quiere salir al mercado laboral a buscar un empleo, piense en qué puede ser diferente. Es el único salvoconducto que podría ayudarle a pasar el filtro.

Clase creativa

Y en medio de todo este bullicio, una nueva economía, la economía del conocimiento, hace emerger una nueva clase. Es lo que autores como Richard Florida en EE. UU. o Juan Carlos Cubeiro en España llaman «la clase creativa», integrada por científicos, ingenieros, escritores, artistas, actores, arquitectos y trabajadores de la información y del conocimiento en general. El porcentaje de estos trabajadores en EE. UU. ya ronda el 30%.

Esta élite creativa es probablemente el futuro de Occidente, siendo, como ya somos, escasamente competitivos en la producción de bienes y de determinados servicios.

El cambio que afecta al mercado laboral no tiene precedentes. Y ahora que la transformación no ha hecho más que empezar es un buen momento para reposicionarse y reinventarse.

Hay un concepto económico que es el de coste de oportunidad. Hace referencia a lo que deja de ganar con un recurso por tenerlo produciendo en otro sitio. Si invierte un capital en la empresa A y obtiene un beneficio de diez euros al final del año y en la empresa B, el beneficio hubiera sido de doce euros, el coste de oportunidad es de dos euros. Pues el coste de oportunidad de no aprovechar estos primeros momentos de cambio es altísimo, porque cuando su trabajo desaparezca o se traslade a Asia o a Sudamérica, entonces adaptarse le resultará mucho más complicado.

Y para acabar este capítulo, le dejo con una excelente noticia: puede que los trabajos se encuentren en peligro de extinción, pero jamás ha habido tantas oportunidades de hacer dinero, de dedicarse a profesiones tan diversas, de ocuparse en nichos de mercado tan dispares, y a veces casi hasta disparatados, y de facilidades para comenzar un proyecto empresarial como en este momento de la historia.

Reflexione sobre esta idea unos instantes: usted dispone de medios para estar en condiciones de competir, por ejemplo, con unos grandes almacenes. Usted puede, con una inversión mínima, montar una tienda que hará la competencia a una misma tienda de una compañía multinacional. Y si no dispone de la información, para hacerlo, puede acceder a esa información de manera gratuita o prácticamente gratuita. En la sociedad de la información, el activo más importante es la información. Y el umbral de entrada para acceder a ésta nunca ha estado tan bajo.

Si no es capaz de ver que estamos en un momento histórico lleno de oportunidades es sólo por una razón: no dispone de suficiente información. Ésa es la única razón. Infórmese, cambie el paradigma y buena suerte.

¿Vende o evangeliza?

«El problema de no creer en Dios es que uno acaba creyendo en cualquier cosa.»

RUSSELL

«Ahora que los hombres modernos han despojado a la Tierra de misterios, ahora... ¿qué alimentará nuestra imaginación?... Hollywood.»

BILL MOYERS

¿Le ha molestado alguna vez una llamada a la hora de la siesta con un zumbido como de conferencia? ¿En esa llamada una persona con un acento irreconocible intentaba colocarle un producto de telefonía para su casa?

Eso no es vender. Eso es molestar.

Eso es intentar pescar basándose exclusivamente en la ley de las posibilidades. Detrás de esa llamada, hay un tipo con un máster y dos carreras que pensó, no sin cierta lógica: «¿Cuánta gente necesita un helicóptero ahora mismo? Uno de cada 225.000, más o menos». Y ufano de su talento empresarial, organizó un equipo al que le dio una copia de las páginas blancas, un sueldo cicatero y un teléfono. El resto ya lo conoce porque lo ha sufrido: «¿Necesita usted un helicóptero?». «No». «Disculpe». 224.999. «¿Necesita usted un helicóptero?». «No». «Disculpe». 224.998...

¿Pero ha visto alguna vez a una persona cuyo mensaje va más allá del producto o servicio? ¿Ha visto a alguien cuyo discurso impregna todas las células de su cuerpo? ¿Ha tenido la fortuna de cruzarse con alguien que no le proponía un producto, sino un estilo de vida, algo que iba más allá de lo tangible? ¿Alguien que vivía, sentía, decía y hacía en la misma dirección y que le proponía participar de ello?

«Todos necesitamos creer en algo, formar parte de una comunidad.»

Esa persona no es un vendedor. Es una evangelizadora pura sangre. Y todos queremos lo que estas personas nos ofrecen. Todos necesitamos creer en algo, formar parte de una comunidad. Necesitamos sentir que formamos parte de algo más grande que nosotros.

El primero vende. El segundo evangeliza. Por eso le pregunto: ¿usted vende o evangeliza?

¿Ha encontrado ya algo para hacer más grande que usted? Cuando lo encuentre, dejará de vender para empezar a evangelizar. No venda un producto: evangelice en una idea. Encuentre algo que le haga vibrar, algo que tenga sentido y encontrará su público. Encuentre una idea de esas que cambian el mundo o que son capaces de explicarlo y aplíquese a ella. Tiene que ser capaz de saber cómo cambiará el mundo aquello por lo que está trabajando. Cuando sepa la respuesta a esta pregunta, estará trabajando por algo más grande que usted, y eso le facilitará mucho las cosas y le ayudará a encontrar su grupo de clientes fieles, su tribu.

Deje de pensar, si es que aún lo hace, en los grandes públicos. Ya no existen: son un espejismo de la era industrial. Sobreviven gracias a la inercia del pasado. A casi nadie le gusta comprar lo mismo que otros diez millones de personas. En el consumo, como en el amor, nos gusta sentirnos únicos, nos gusta formar parte de una comunidad.

Vienen los nichos, los pequeños grupos de consumidores. ¿Qué digo? Vienen los micronichos. ¿Usted cree que yo intento que mis espacios radiofónicos de «Pensamiento positivo» los escuche toda la comunidad hispanohablante de la Tierra? Si los escuchan, genial, pero yo trabajo para que mi pequeña tribu se enamore cada semana de los contenidos. Intentar gustarle a todo el mundo, socialmente, es un desatino, pero empresarialmente es un suicidio.

Idea potente + nicho de mercado = le irán bien las cosas.

Encuentre una idea que no necesite clientes, que genere convertidos, que tenga seguidores, que tenga tribu. Y después, si es necesario, encuentre el producto. Tanto mi anterior libro *Vivir sin jefe* como éste transmiten una idea: viva libre, rico y feliz haciendo algo significativo con su vida. El producto ha venido después: el seminario, la conferencia, el asesoramiento personal, etc.

Si consigue asociar un estilo de vida a lo que vende, vaya pidiendo que en la Wikipedia le incluyan su fotografía en la entrada «éxito».

Los seres humanos estamos locos por asignar a nuestro consumo significados que van más allá del producto o servicio propiamente dichos. Una persona no compra Mac, compra ser artista. Una persona no compra el motor de Harley-Davidson, compra el salvoconducto para sentirse joven poniéndose una chupa de cuero. Una persona no compra el menú de El Bulli, compra formar parte de la élite.

Deje de vender átomos y empiece a vender información, empiece a vender bits.

Ya lo dijo Chanel: «No vendo perfumes, vendo esperanzas». No venda fruta, venda salud. No venda un bolso, venda distinción. No venda un seguro, venda tranquilidad. Ofrezca ideas, información…, bits, en definitiva.

Hágase el promotor de un estilo de vida. Sea el líder de una idea, de un concepto. Tiene que encontrar esa idea que excite a sus clientes.

Pero es que esto usted ya lo sabe: solamente duran las empresas que venden algo que va más allá del producto, que proponen una manera concreta de mirar el mundo, que sugieren una forma de estar en la vida. Las instituciones religiosas en esto son las campeonas: son organizaciones que han sobrevivido por miles de años y lo hacen porque proponen ideas ferozmente potentes y sencillas. Simplifique todo lo que pueda. Un estilo de vida no necesita mucho bla bla bla.

Cree el decálogo de su actividad o empresa. Unas cuantas frases son suficientes. Piense en los diez mandamientos, por ejemplo: son sencillos y completos. No necesita más. Redacte también la misión de su vida, de su organización. Probablemente esté cansado de escuchar que es importantísimo redactar la misión. Soy consciente de que suena a humo y a típica frase que el consultor de turno repite como si fuera la tabla de multiplicar. Pues bien, pese a todo eso, pese a que son legión las empresas que redactan la misión y luego hacen caso omiso de ella, pese a que no se la suele tomar muy en serio, o precisamente por todo ello, en mi opinión, redactar la misión es clave. Y lo es porque constituye su norte, su brújula, su consejera, su *sherpa* vital.

La diferencia entre vender o evangelizar es la diferencia entre ofrecer átomos o bits. Si vende átomos, antes o después llegará un tipo que fabricará u ofrecerá lo que hace más barato o mejor que usted. Es cuestión de tiempo. Si vende bits, antes o después, ese tipo llegará también. Pero entonces entran las emociones. Y todos sabemos que cambiarse de pareja, de religión o de amigos cuesta un poco más que cambiar de una marca con la que no tenemos ninguna vinculación emocional. Así que ese tipo, que eventualmente llegará, de eso esté seguro, lo tendrá ligeramente más difícil.

El comercio es cada vez más emocional. Son cada vez más bits y menos átomos. Hay dos ideas estimulantes que recuerdo de mi paso por las aulas de la universidad y desde la primera vez que las leí supe que darían juego en mi vida. Son la «proposición única de venta» *(Unique Selling Propo-*

sition) y la «proposición emocional de venta» *(Emotional Selling Proposition).*

El término USP lo acuñó Reeves haciendo referencia a una característica que compartían las campañas publicitarias de éxito a partir de los años cuarenta: ofrecían al consumidor sólo una característica del producto. Cuanta más información hay en el ambiente, mayor es la necesidad de síntesis. No puede contarlo todo sobre su producto o servicio; es preciso seleccionar sólo una idea. Pero es que el concepto de propuesta emocional de venta da una vuelta de tuerca más a esta idea: esa única propuesta tiene que incidir en el lado emocional, ya que los seres humanos actuamos más desde lo emocional que desde lo racional. Encuentre una propuesta sexy, una propuesta irresistible.

Ya lo sabíamos y por fin ahora podemos decirlo: primero sentimos y luego pensamos. Por eso, es más efectivo evangelizar que vender; porque se dirige a lo emocional.

Hay un cortometraje que encontrará fácilmente en Internet que se llama *Historia de un letrero*. En él, un ciego pide limosna en la calle con un cartel que dice: «Ten compasión, estoy ciego». Cuando un viandante pasa y lo ve, le cambia el texto del cartel, que entonces pasa a decir: «Hoy es un hermoso día y NO puedo verlo».

Lo emocional es más efectivo que lo racional para comunicar un mensaje. Y evangelizar es mucho más eficaz que vender.

¿Aprendió algo del *Titanic*?

«Lo que no se aprende por discernimiento se aprende por sufrimiento.»

JUNG

«El momento más oscuro de la noche es un instante antes de que salga el sol.»

ANÓNIMO

¿Conoce la historia del *Titanic*? Si ha visto la película, recordará cómo, mientras el barco estaba a punto de naufragar, la orquesta seguía tocando y algunos viajeros bailaban el vals y bebían champán despreocupadamente.

Pues esto es lo que como sociedad hacemos cada día. ¿Calentamiento global? ¿Me sirve un poco más de champán, por favor? ¿Hambrunas y guerras? Toquen otro vals, por favor. ¿Crisis económica? Bailemos mientras dure la música. Hasta que no vemos el agua correr por debajo del pianista, no reaccionamos. Y para cuando eso pasa, suele ser demasiado tarde.

Pero la sociedad no es más que un reflejo de todas las pequeñas individualidades que la componemos; por eso, como personas, nos sucede exactamente lo mismo: nos cuesta asumir que el barco se está hundiendo hasta que el agua nos empapa los calcetines.

Soy consciente de que no es fácil prevenir escenarios futuros, pero con un poco de sentido común suele ser suficiente; tampoco hace falta ser brujo para intuir ciertas tendencias. Hable con el capitán y con la tripulación, pregunte a otros pasajeros cómo va todo por sus camarotes de clase turista o de primera cada cierto tiempo. Eso le dará pistas y le ayudará a saber si el barco tiene una vía de agua. Hay que escuchar a las personas inteligentes y a las que toman las decisiones. Después, por supuesto, cada uno tiene que formarse su propia opinión.

«Nos cuesta asumir que el barco se está hundiendo hasta que el agua nos empapa los calcetines.»

Me gusta un capítulo de la serie de dibujos animados del correcaminos en el que el coyote está dentro de una cabaña, y cuando ve que el tren lo va a arrollar, lo que hace es bajar la persiana. Es como los niños pequeños cuando cierran los ojos para desaparecer y dicen: «No estoy».

Ésta es la actitud que, desafortunadamente, aún demasiadas personas siguen adoptando en estos momentos que vivimos de profunda transformación. En lugar de salir de la cabaña, construir una nueva o pensar cómo acabar de una vez por todas con el correcaminos, bajan la persiana y se creen que por eso el cambio dejará de producirse. Incluso los hay que optan por matar al mensajero.

Pero hoy el planeta vive un momento de cambio radical, sin precedentes y en todos los aspectos. Y para adaptarse es preciso hacer un profundo cambio de paradigma. Las cosas nunca volverán a ser como eran. Y este cambio altera las reglas del juego para todos los participantes, independientemente de que usted sea el capitán, el director de la orquesta, un grumete o de que viaje en primera o en turista. Hay barra libre de cambios, algunos la aprovecharán y para otros será su fin. Olvídese de lo que ha visto hasta ahora y concéntrese en entender la nueva manera en la que funciona el mundo, porque el cambio es definitivo.

Puede bajar la persiana como hace el coyote, pero eso no va a detener el cambio económico, tecnológico y social que no ha hecho más que empezar, quizá uno de los más profundos de la historia de la humanidad. Pregúntese, si es que aún no lo ha hecho, de qué podrá vivir dentro de cinco años y cómo será su sector laboral, si es que aún existe, dentro de cinco y dentro de diez años. Sé que es mucho tiempo, pero le ayudará a ponerse las pilas desde ya.

Quizá la ceguera ante la vía de agua que nuestra sociedad sufre tiene su origen en una idea de la salud equivocada. Pensamos que el hecho de que no nos duela nada quiere decir que estamos sanos. No es así. El hecho de que no le duela nada sólo significa eso: que no le duele nada.

Todos los días mueren súbitamente personas a las que no les dolía nada.

El ciudadano medio piensa que, como sigue cobrando su salario cada mes o que como su empresa sigue teniendo clientes, eso significa que su trabajo o su negocio se encuentran saneados. Quizá sí, quizá no. Y esto es precisamente lo que le invito a hacer: preguntarse cómo le puede afectar todo este cambio tecnológico, social, económico, demográfico y de valores y de conciencia que viene a modo de tsunami.

En este sentido, hay dos textos que no puede dejar de leer. Son dos de los libros que más he recomendado últimamente. Un par de obras que, más que libros, son un viaje al futuro, una ventana abierta a lo que va a pasar, un mapa del tesoro al alcance de cualquiera.

La primera es *El código del dinero*, una obra visionaria de Raimon Samsó donde encontré un párrafo que le ayudará a prever por dónde puede empezar a hacer aguas su barco. Puede que le resulte duro; por eso, si prefiere seguir escuchando el vals en cubierta, le recomiendo que pase directamente al próximo párrafo. Raimon dice: «Si tu trabajo puede hacerlo un ordenador, búscate otro. Si tu trabajo puede hacerlo un robot, búscate otro. Si tu trabajo se basa en la experiencia, búscate otro. Si tu trabajo no es creativo, búscate otro. Si tu trabajo no aporta significado, búscate otro. Si tu trabajo es muy manual, búscate otro. Si tu trabajo puede digitalizarse, búscate otro. Si tu trabajo puede hacerse por menos, búscate otro. Si tu trabajo no te apasiona, búscate otro.

[...] Haced algo que requiera talento [...], que proporcione sentido y significado a las personas. [...] Huid de los trabajos productivos».

Otro texto que analiza con gran lucidez y clarividencia las tendencias del mundo que está llegando es *Funky Business Forever*, de Nordström y Ridderstråle. Este par de suecos agudos arrancan su libro con sus «verdades *funky* para empezar el siglo» y señalan el lugar de donde vienen los vientos. Éstas son algunas de estas tendencias: el tsunami de lo barato, la época de las mujeres, los hogares de solteros, un mundo de ciudades, la época del entretenimiento y de la competencia genérica (no sabemos quiénes son), un tiempo del comercio-e(mocional) y donde el conocimiento manda, la época del tú en red, etc. Si quiere echarle una divertida mirada al futuro, no se lo pierda.

Hay una fábula en la que un perro está sentado sobre un clavo y otro perro le pregunta por qué no se levanta. El perro responde: «Porque no me duele tanto como para levantarme». A veces, aunque el agua nos llega por los tobillos, pensamos: «No me molesta tanto como para ponerme en marcha». Y entonces el agua sigue subiendo, primero hasta la rodilla, después hasta la cintura..., y al posponer el momento de tomar una decisión, perdemos un tiempo muy valioso.

Siempre he pensado que la vida es sutil; le gusta avisarnos con pequeñas señales de las cosas que hay que cambiar o que ya no funcionan. Lo que pasa es que no escuchamos. Preferimos seguir en cubierta bailando con la orquesta antes que prestar atención a las señales de que hay algo que no va exactamente bien en el barco.

Casi todo el mundo ha tenido una relación con una pareja que se ha terminado o ha vivido alguna experiencia cercana. Pero es muy raro que eso suceda de un día para otro. Hay pequeñas señales, pequeños gestos o detalles que nos dan la pista y que decidimos ignorar. Se trata simplemente de prestar atención a las pequeñas señales que la vida nos regala: ese pequeño ruidito en el coche que ahora no es nada, pero que después se convierte en una engorrosa avería, esa ligera incomodidad que diagnosticada a tiempo no se convierte en una enfermedad grave, esas primeras señales que nos indican que el sector en el que trabajamos o que el trabajo que hacemos va a ser objeto de estudio en el Museo de Historia de un momento a otro.

De la misma manera que los cortafuegos hay que dejarlos listos en invierno, las decisiones preventivas hay que tomarlas cuando el cielo está despejado. El momento para tomar una acción preventiva es cuando todo va bien: hable con sus clientes, fórmese, estudie, aprenda algo nuevo... En medio de la tormenta resulta más complicado tomar decisiones. Pero incluso si ya ha empezado su propia tormenta, cuanto antes se ponga con ello, mucho mejor.

Ser eficaz en la resolución de problemas es necesario. Buscarlos antes de que aparezcan es excelencia. Alguien dijo: «Si no eres parte de la solución, eres parte del problema». Yo prefiero decir que si no eres parte de la prevención, eres parte del problema. Dedique cierto tiempo a prever: llame y pregunte la opinión a sus clientes o usuarios; una queja es un regalo. Haga el cortafuegos en invierno. Idee nuevos productos o servicios antes de que sea imprescindible hacerlo: sin presión se tiene más margen de maniobra. Y todo esto es algo que puede empezar a hacer ahora mismo.

Hay compañías que ya destinan ciertas horas de la jornada laboral de sus empleados a que se dediquen a desarrollar los proyectos que deseen, a innovar. Esto es darse cuenta de que la creatividad es imprescindible. Antes de saber esto, yo ya llevaba tiempo haciéndolo: cada mes dedico un número de horas, a veces más y a veces menos, a proyectos «locos», a proyectos que no tienen que tener un retorno claro pero que me apetece hacer. Por ejemplo, escribir libros.

El modo en el que funcionaban las cosas ha cambiado. Y este vertiginoso cambio, si nada lo impide, cambiará las reglas de juego para todos. Para usted también. En Europa hemos vivido una época en donde las clases medias, pero también las personas sin formación y empleadas en actividades no especializadas o con un bajo nivel de creatividad, se ganaban bien la vida. Y yo creo que, salvo que algo cambie mucho –y ojalá lo haga porque disponemos de la tecnología, el conocimiento y la conciencia suficiente para evitar este desenlace–, esto cambiará drásticamente durante los próximos años.

Si lo desea, puede seguir escuchando la orquesta, pero conciencia, creatividad, tecnología y formación continua son el pasaporte obligado para navegar sin naufragar a bordo del siglo XXI.

¿Está leyendo los libros que le llevan a la vida que desea?

«Nunca he dejado que el sistema educativo interfiera en mi educación.»

MARK TWAIN

«Cuando lean, no sólo consideren lo que el autor piensa, consideren lo que ustedes piensan. Deben buscar su propia voz. Cuanto más esperen para empezar, menos posibilidades tienen de encontrarla. Thoreau dice que la mayoría de hombres viven en desesperación silenciosa. No se resignen a eso. Libérense...»

De *El club de los poetas muertos*

«La lectura de los buenos libros es como una conversación con la gente más fina de las generaciones pasadas.»

DESCARTES

Una de las cosas que recuerdo haber hecho desde muy niño es leer abundantemente. A veces pienso que hay algo de huída, enfado o disconformidad con el mundo en las personas que hemos leído tanto desde jóvenes.

Sea como sea, el caso es que esta práctica ha marcado una gran diferencia en mi vida. Leer es poder conversar con las personas del planeta que uno quiere. ¿Se da cuenta de lo que supone esto? Cualquier persona ha pasado alguna vez por la experiencia de charlar un rato con una persona y que esta conversación le aportara posteriormente la inspiración suficiente para ver las cosas de otra manera. Pues los libros, para mí, facilitan esto con las personas más interesantes de otros países, épocas o idiomas. Un verdadero regalo. Un milagro.

Para reescribir el guión de una vida, para atreverse a comenzar de nuevo hace falta inspiración. Mucha inspiración durante mucho tiempo. Y además de relacionarse con las personas adecuadas, encontrará una potente fuente de inspiración en los libros adecuados.

Una de las preguntas que suelo formular en mis sesiones de *coaching* es: «¿Qué está leyendo o qué ha leído últimamente?». No estoy seguro de que esto sea muy ortodoxo, pero me proporciona mucha información. Una de las maneras más eficaces que existen de cambiar o mejorar nuestra vida o de encontrar inspiración es leer sobre ese tema.

Alguien quiere convertirse en deportista profesional, por ejemplo. Pues lo que yo le aconsejo es que lea todo lo que pueda sobre deportistas a los que admire, que vea películas sobre ese tema, que lea biografías o, mejor aún, autobiografías de los deportistas que le sirvan de inspiración. Que colonice el imaginario de su cerebro con información relativa a lo que quiere. Esto no significa que tenga que dejar de leer otro tipo de libros que le apetezca leer; pero sí que empiece a leer los libros que le van a llevar a la vida que desea.

Cuando hace años empecé a impartir clases como profesor de cine, sólo en los meses previos visioné unas 250 películas a razón de dos o tres al día y leí más de cincuenta libros sobre cine. Y este tipo de práctica es algo que después he repetido en ocasiones. ¿Por qué? Sencillamente para reprogramar mi cerebro. Para mí, está claro: en cada momento de mi vida selecciono los libros que me ayudan a llevar la vida que deseo o que necesito, lo que además hace que disfrute estas lecturas enormemente.

Hay un dicho que afirma: «Cuida tus pensamientos porque se convertirán en palabras. Cuida tus palabras porque se convertirán en acciones. Cuida tus acciones porque se convertirán en hábitos. Cuida tus hábitos porque son tu vida». Según esta frase, todo comienza en los pensamientos. La vida que tenemos es consecuencia de lo que pensamos.

Diferentes pensamientos generan diferentes emociones. Un pensamiento o una palabra concreta puede incluso cambiar la configuración hormonal de una persona. Cada emoción conduce a un tipo de acciones, y en función de las acciones que llevamos a cabo, obtenemos unos resultados u otros. Simple y revelador.

A largo plazo, lo único que puede marcar la diferencia en la vida de una persona, lo único que provocará que viva una vida u otra es la manera que tiene de pensar.

Una sola idea encontrada en un libro, o por supuesto en una conversación, puede cambiar definitivamente y para siempre el resto de su vida. ¿Se ha dado cuenta de las implicaciones que tiene esto?

Los seres humanos somos como los ordenadores. Tenemos un *hardware* (el cerebro) y un *software* (las ideas y creencias con las que vemos el mundo). Un ordenador sólo puede hacer lo que su *software* le indique. Por eso es tan importante leer los libros adecuados y beber de las fuentes adecuadas.

Ellos modificarán el *software*. Leer libros adecuados es como instalar programas autoejecutables en nuestro cerebro: harán su trabajo queramos o no.

«Una sola idea encontrada en un libro o en una conversación puede cambiar su vida para siempre.»

Las creencias inadecuadas son como los virus para el ordenador: pueden dañar el resto de los programas. Al igual que supongo que toma ciertas precauciones para evitar que un virus pueda infectar su ordenador, o su cuerpo, debería hacer lo mismo con los virus cerebrales. Apuesto a que en este momento de su vida le están causando más problemas las ideas-virus que tiene y que son falsas que las que aún no conoce. Mucho cuidado con las ideas-virus.

En este momento, quizá esté pensando que no tiene tiempo para nada y mucho menos para leer. Es cierto que llevamos un ritmo en el que resulta difícil encontrar un rato para leer o para pensar. Más aún en las grandes ciudades. Yo mismo sé lo difícil que resulta. Pero los días tienen 24 horas para todo el mundo, y en último término, se trata sólo de una cuestión de priorizar. Todos, lo sepamos o no, y lo trágico es que con frecuencia no lo sabemos, priorizamos unas compañías frente a otras y unas actividades frente a otras.

Lo que quiero decir es que si no encuentra un rato para leer es simplemente porque está priorizando otras actividades. No hay más. Si es lo que ha decidido, estupendo, pero no diga que no tiene tiempo. ¿Cuándo va a tenerlo? ¿Cuando los días tengan 26 horas? Piénselo.

¿Qué podría eliminar de su agenda actual para encajar media hora de lectura al día? Sinceramente, si no puede obtener media hora al día para leer, su situación tiene que ser realmente crítica. Y si es así, con mayor razón debería leer porque será una de las pocas maneras de que encuentre nuevas ideas para sacar su vida del atolladero actual.

Una de las ideas que más me ha servido, y que encontré por cierto en un libro, es la del modelaje. Modelar es simplemente hacer lo mismo que hace otra persona que está teniendo éxito en algo en concreto. El objetivo de hacerlo de la misma manera es conseguir los mismos resultados. Pues bien, aquellas personas que para mí son un modelo de felicidad y de vida plena prácticamente siempre son grandes lectoras. Y eso a mí me da una pista importante.

Algo que me sucede a menudo es que alguien me pregunta por el precio de alguno de mis libros. Cuando esto sucede, siempre pienso, y si resulta oportuno además lo digo, que a mi juicio, la pregunta es incorrecta. El precio no importa. La pregunta debería ser otra: ¿este libro tiene el potencial para revolucionar mi vida? ¿Este libro me ayudará en mi camino en este momento? ¿De qué trata? ¿Cuál es la idea principal?... Se me ocurren mil preguntas, pero el precio es irrelevante porque, en último término, siempre se puede pedir prestado el libro en la biblioteca. Adquirir o rechazar un libro por el precio es un lamentable error. Lo que hay que preguntarse es si ese libro es el adecuado en este momento y para ello examinarlo, mirar el índice, preguntar a amigos y colegas, dejarse guiar por la intuición..., pero nunca preguntarse cuánto cuesta.

Y para acabar, voy a compartir algo que hago con cierta frecuencia. Cuando encuentro a alguien que me inspira o que es para mí un modelo en algo, si me acuerdo y si es oportuno hacerlo, le suelo preguntar qué ha leído últimamente que le haya gustado especialmente o qué libro me recomienda leer.

Con esta sencilla práctica aumento drásticamente el número de libros interesantes que caen en mis manos.

Está claro: o está leyendo los libros que le acercarán o le mantendrán en la vida que desea, o no lo está haciendo. Y si no lo está haciendo, está perdiendo una gran oportunidad.

¿Le pregunta al que ha llegado?

«He estado al alcance de todas las manos
que han querido tocar mi mano amigamente.»

SILVIO RODRÍGUEZ

«De tanto mirar, a veces se acaba aprendiendo.»

Hiroshima mon amour

«El miedo es el primer enemigo natural que un hombre debe derrotar en el camino del saber y del conocimiento.»

CARLOS CASTANEDA,
Las enseñanzas de Don Juan

«Cuanto más genial es una persona, más abierta está a compartir sus conocimientos para ayudar a los principiantes; eso es así, porque seguros de su valía, no temen que nadie vaya a eclipsarlos.»

LUIS RACIONERO

¿Quiere cultivar una actitud esencial para liderar su propia vida? Acostúmbrese a preguntar al que sabe.

Soy consciente de que en nuestra cultura sucede exactamente lo contrario. El profesor dice en el colegio: «¿Alguien tiene alguna pregunta?»... Y nadie levanta la mano. Años después, en las empresas pasa lo mismo. Nadie quiere levantar la mano ni destacar.

Y sin embargo preguntar, pero sobre todo preguntar al que sabe, puede cambiar su vida.

La película *En busca de la felicidad*, protagonizada por Will Smith y basada en hechos reales, cuenta la historia de Chris Gardner, un comercial que se ve abocado a la ruina y que termina durmiendo en los servicios del metro con su hijo pequeño. Un día Chris camina por la calle y ve a un hombre que se baja de un llamativo deportivo de color rojo, y entonces le dice:

–Tengo que hacerle dos preguntas. ¿Qué es lo que hace y cómo lo hace?

–Soy agente de bolsa.

Finalmente, Gardner consiguió un empleo en prácticas en la compañía de ese hombre al que preguntó, posteriormente un trabajo y cinco años más tarde acabó fundando su propia empresa, que por cierto acabó vendiendo en el 2006 en un trato multimillonario.

El mensaje de esta cinta, tremendamente inspiradora por otra parte, es claro: pregunta al que sabe sobre algo. Hay personas que saben mucho. Sobre un tema en concreto o sobre la vida. Lo curioso es que casi nadie les pregunta. Y mi experiencia demuestra que, si el deseo de saber es sano y sincero, normalmente están encantadas de compartir ese conocimiento. Haga la prueba.

Por supuesto, tiene que estar dispuesto a hacer lo mismo. Y cuanto más lo haga, comprobará que más fluye la información en un sentido y en otro. Y eso enriquecerá, en todos los sentidos, su vida y la de su entorno.

En este sentido, mi modelo son las flores. Ellas regalan su fragancia, sin importar quién sea la persona que se acerca a disfrutarla. Ellas no preguntan, simplemente ofrecen su aroma a quien quiera disfrutarlo. Pues bien, mi experiencia me ha demostrado que aquellos dispuestos a ofrecer su fragancia a los demás encontrarán fácil ayuda cuando la necesiten.

«Tengo dos preguntas que hacerle: ¿qué es lo que hace y cómo lo hace?»

Pida ayuda. Lo más probable es que esté dispuesto a ofrecer ayuda cuando se la soliciten; entonces, ¿por qué no iba a solicitarla? Pídala, pregunte. No asuma que las personas que están a su alrededor tienen que actuar por sí mismas. Obsérvelo: en una reunión de amigos, alguien dice que se ha quedado en paro. Todos le escuchan, pero lo más fácil es que nadie le ofrezca soluciones. Sin embargo, esta misma persona pide ayuda y pregunta si alguien podría preguntar por vacantes en sus empresas actuales o en sus redes de contactos, y entonces los demás se ponen en marcha.

Pida lo que quiere: no espere a que los demás se lo ofrezcan. Ni en la vida personal ni en la profesional. Pregunte y pida ayuda. La energía tiene que estar en movimiento.

En un curso de escritura que seguí hace muchos años, el escritor Luis Landero nos solía decir, con la intención de que leyéramos los textos clásicos: «Hay que libar en la flor y no en la miel». Aún tengo presente esta frase. Cuando se encuentre a alguien que sabe de algo, a alguien que le sirva de modelo o que le inspire, disfrute de la experiencia de escuchar o de preguntar. Aprenda de esa persona, empápese. Con frecuencia me pregunto por qué nadie pregunta al que ha llegado.

Aunque el destino de esa persona sea diferente al suyo, seguro que tiene algo que aprender. Cada persona tiene una verdad que contar. Eso no significa que esa verdad sea la suya, pero pregunte y escuche, sin juzgar. Seguro que aprende algo.

¿Qué puedo yo aprender de esto?

«Ojalá que los errores que cometa sean nuevos.»

ANÓNIMO

«Si todo parece que está bajo control, es que no estás yendo lo suficientemente rápido.»

ANDRETTI, campeón de Fórmula 1

En la Naturaleza, que es inteligencia en estado puro, no existe el concepto de basura: cualquier creación, cualquier ser vivo, cualquier parte de un ser vivo tiene una utilidad, una razón de ser, un sentido. Nada se desaprovecha. La naturaleza encierra toda una filosofía de vida que es especialmente sencilla: todo tiene su función. En la sociedad del usar y tirar esto suena revolucionario, pero antes o después volveremos a la esencia.

La basura son recursos desaprovechados. Hay un dicho británico que pone esto de manifiesto: «La basura de un hombre es el tesoro de otro hombre». Donde una persona no puede ver sino desechos, otra será capaz de ver una joya.

Mi propuesta es que afronte la vida con esta actitud: que entienda que no existe la basura, que todo es aprovechable y que incluso analice aquellas situaciones o personas que a priori le generan desagrado, rechazo o incomprensión bajo la pregunta «¿qué puedo yo aprender de todo esto?».

«Preguntarse qué puedo aprender yo de esto es una actitud que ha cambiado mi vida.»

Si tuviera que seleccionar dos o tres de las ideas que más influencia han tenido en mi vida, ésta sin duda sería una de ellas porque convierte cualquier situación en una oportunidad de aprendizaje, y eso marca toda la diferencia porque convierte la vida en un campo de aprendizaje y a mí en un alumno. Y esto lo hace todo mucho más divertido.

Y además, colateralmente, al hacerse esta pregunta se quitará ese tic tan recurrente que es el de juzgar... «Esto me gusta», «esto no me gusta», «éste me cae bien», «el otro no me cae tan bien», «en mi pueblo esto no pasa», «este señor es muy antipático»...

Hay un proverbio que dice: «Si lo quieres ver, míralo, porque en cuanto lo juzgues, ya se te ha escapado». Por favor, en lugar de juzgar, pregúntese qué puede aprender de cada encuentro, problema o situación que la vida le proponga. Notará cómo su calidad de vida se incrementa instantáneamente.

Algo que siempre me ha llamado intensamente la atención son las personas que tratan de convencer a los demás o que les gusta discutir, que también las hay. Como norma general, trato de escuchar. Si me sirve, tomo nota. Si no entiendo, pregunto. Y si no me interesa, me despido y muy educada y agradecidamente me marcho.

Creo en la profunda y soberana libertad de cada persona para escoger la vida que quiere llevar y en la de la vida para llevarnos por los caminos que necesitamos, así que no estoy especialmente interesado en juzgar. Si hay algo que a priori no me gusta o comprendo, siempre me hago la misma pregunta: «¿Qué puedo aprender de todo esto?».

¿Conoce el número del éxito?

«La constancia es la virtud por la que todas las demás dan su fruto.»

ARTURO GRAF

«Si quieres calentar una roca, siéntate encima de ella cien años.»

REFRÁN JAPONÉS

La única diferencia entre esa persona que es tan buena en algo, entre esa persona que le deja con la boca abierta y usted son un montón de horas.

Bueno, es posible que también algo de visión. Pero definitivamente muchísimas horas, porque visión de futuro sin horas es igual a cero.

En cualquier librería encontrará cientos de manuales que le explican cómo aprender inglés en cien horas, cómo adelgazar en treinta días o cómo aprender a bailar salsa en un fin de semana. No comprendo por qué tenemos tanta prisa. Aprender algo bien lleva mucho tiempo, por más que en la sociedad del clic, en la sociedad de la satisfacción instantánea, intentemos convencernos de lo contrario.

La cuestión, de nuevo, no es el tiempo que lleva, sino el entusiasmo que le despierta. Si lo desea de verdad, la prisa pasa a ser algo secundario.

«Visión de futuro sin horas es igual a cero.»

Con el éxito nos sucede lo mismo que cuando vemos a un pato desplazándose delicadamente por la superficie del estanque: a veces no vemos el esfuerzo que hay debajo. Cuando observamos al pato deslizándose por el agua, es fácil olvidarse de que detrás de esa aparente elegancia, el pato está moviendo las patas a toda velocidad. Detrás de cualquier proyecto de éxito siempre hay una o varias personas que mueven las patas con tenacidad.

Es verdad que hay personas que parecen dotadas de una especial capacidad para llevar a cabo algunas actividades. Aun así, lo que suelen tener en común esas personas cuando se indaga mínimamente son muchas horas. El talento sin horas no sirve de nada.

¿Ha oído hablar de la teoría de las diez mil horas? Malcom Gladwell habla de esto en *Fueras de serie (Outliers).* Gladwell se pregunta en este libro qué diferencia a los que triunfan en la vida de los que no. Gladwell afirma que el talento innato no puede explicar la diferencia y que el éxito es talento más preparación. Cuanto más observan los psicólogos los logros de los mejores, mayor importancia destinan al papel que ha desempeñado la preparación. Es el número del éxito: diez mil horas de preparación.

Multitud de ejemplos avalan esta teoría:

1. Mozart tocó el clavicordio unas veinte mil horas antes de cumplir los diez años.
2. Henri Cartier-Bresson afirmaba que las primeras diez mil fotos eran las peores. Y esto lo decía cuando, por cada foto, el fotógrafo se pasaba alrededor de una hora para revelarla, es decir, diez mil horas.
3. Era Hemingway quien decía que para aprender a escribir hacían falta un millón de palabras de porquería *(It takes one million words of crap)*.
4. Los Beatles también pagaron su peaje particular. Cuando triunfaron en 1964 habían actuado en directo unas 1.200 veces; la mayoría de los grupos no actúan 1.200 veces ni a lo largo de toda su carrera.
5. Cuando Bill Gates dejó Harvard para fundar su propia empresa de programación, llevaba siete años programando sin parar y había sobrepasado las diez mil horas.

Otro ejemplo de la importancia que tiene la perseverancia la encontramos en la cultura nipona, cuya persistencia convirtió a Japón en la segunda economía del mundo tras la Segunda Guerra Mundial.

Leo en el *blog* kirainet.com que es en Japón donde, para despedirse de un amigo que va a un examen, en lugar de decirle «suerte», como haríamos en España, se suele decir «ganbatte kudasai», que significa 'sé cabezón y firme con el examen', que es una expresión que no contiene ningún elemento de suerte. De hecho, esta perseverancia llevada al extremo ha servido a las empresas japonesas para labrarse, en el mundo de los negocios, cierta fama de cabezotas.

Para mí la idea clave es la siguiente: lo que haga hoy da exactamente igual. Lo único que importa es lo que hace la mayor parte de los días. Su vida no va a cambiar porque hoy se pase el día tumbado a la bartola; tampoco si hoy se aplica con ganas, pero después no hace lo mismo los próximos diez días y diez años. Y esto es algo en lo que pienso cuando las cosas no salen como deseo.

¿Sabe cuál es mi amuleto? Cuando quiero algo, trabajo por ello hoy y mañana, y pasado, y si me tomo un descanso o unas vacaciones, lo hago para tomar fuerzas para seguir. Y cuando uno hace este pacto con uno mismo es invencible. Lo único que importa es lo que uno hace todos los días.

Cuando nuestro nivel de conciencia como sociedad evolucione un poco más, lo que antes o después pasará, tendremos que iniciar una reforma educativa que destierre para siempre mucha de la información absolutamente absurda que ahora se imparte, así como los métodos pedagógicos de la era industrial que se siguen empleando. Esta reforma deberá incluir materias que realmente enseñen a las personas a ser felices. No sé cuándo, pero sé que ese momento llegará. Sugiero que para entonces haya una asignatura en el colegio que se llame «paciencia», «constancia» o «perseverancia» y que enseñe a los más jóvenes esta idea: lo único importante es lo que uno hace a diario.

Hay películas cuyo segundo visionado depara agradables sorpresas. Esto es lo que me ha pasado al volver a ver *Forrest Gump*. Forrest es una de esas personas que son sabias sin saberlo y cuya forma de afrontar la vida le lleva a conseguir logros impensables para la mayoría.

Pero ¿cuál es el secreto de Forrest Gump? A mi juicio, son dos: hace lo que le gusta sin esperar resultado alguno y lo hace todo el tiempo. Así, un día, Forrest, «sin motivo alguno, decide que quiere salir a correr un poco». ¿Y qué hace? Pues corre. Corre mucho. Recorre su país de un lado para otro y se pasa más de dos años corriendo. Cuando Forrest descubre que le gusta jugar al ping-pong, juega todo el día. Con gente o solo practica ping-pong hasta lo impensable, y la consecuencia es que se convierte en el mejor jugador de ping-pong. Hasta el punto de que lo fichan para la selección americana de ping-pong y de que representa a su país frente a China en una competición.

¿Cómo consigue estos resultados? Haciendo lo que le gusta y haciéndolo mucho. Haciéndolo todo el tiempo. No hay más.

Diez mil horas son muchas, así que lo mejor es ponerse manos a la obra ya mismo. ¿Recuerda las fábulas de Esopo? Si no las ha vuelto a leer desde niño, le recomiendo que les eche un vistazo; es conmovedor releerlas con ojos de adulto.

Hay una fábula, la de la liebre y la tortuga, que expresa esta idea. La liebre y la tortuga echan una carrera, y en contra de todo pronóstico gana la tortuga. Sencillamente porque es constante, y frente a la liebre, que es más veloz, la tortuga no para de andar en ningún momento y gana la carrera. Lo mejor es que esta fábula tiene alrededor de 25 siglos.

Diez mil horas, a mil horas por año, son diez años en el caso de que le dedicara aproximadamente cien horas al mes, o lo que es lo mismo, 25 horas a la semana. Y si se dedica a ello a tiempo completo, a razón de cuarenta horas a la semana, completar diez mil horas le llevará aproximadamente cinco años. Y eso son muchas horas y muchos años como para estar ocupado en una actividad que no le haga vibrar de la cabeza a los pies. Por eso tantas personas abandonan a mitad de carrera.

Quizá por eso mismo los que encuentran una actividad que los apasiona tienen más éxito normalmente en la vida. No sólo la experiencia directa, sino los estudios que se han elaborado al respecto, coinciden en sus conclusiones: las posibilidades de tener éxito se incrementan en aquellas personas que se dedican a una actividad que las apasiona.

Pero, aun así, seguimos dudando y lanzamos el mensaje a los más jóvenes de que lo que importa es que estudien algo «con salidas», independientemente de que les guste o no. Y así pasa, que años más tarde cuando esos niños se hacen adultos siguen sin saber qué es lo que les gusta porque aún no han desterrado esa idea de que primero tienen que ganar dinero para después, cuando se jubilen, dedicarse a aquello que les interese. ¡Pero lo único cierto en la vida es que cuando están vivos es ahora!

Mark Albion, en su libro *Vivir y ganarse la vida*, cita una investigación en la que realizó un seguimiento de 1.500 carreras profesionales entre 1960 y 1980. Separaron a las personas que participaron de este estudio en dos grupos. La categoría A incluía a aquellos que afirmaban que debían ganar dinero en primer lugar para poder dedicarse a lo que realmente deseaban una vez solucionados sus problemas económicos. La categoría B agrupaba a aquellos que buscaban en primer lugar conseguir sus propios intereses, confiando en que el dinero acabaría por llegar finalmente. El 83% de estos profesionales pertenecía al grupo A. El 17% restante, al grupo B, al grupo de los «arriesgados». Transcurridos veinte años, había un total de 101 millonarios. Cien estaban en la categoría B. Tan sólo uno de ellos, en la categoría A.

Es más fácil emplear la felicidad para conseguir dinero que usar el dinero para conseguir la felicidad.

En cualquier caso, y se dedique a lo que se dedique, conseguir resultados consume muchas horas, muchas más de las que a priori se puede llegar a pensar. Ya sabe que la previsión que una persona hace de su tiempo siempre es optimista. Así que yo ni me lo pensaba: mejor escoger algo que le apasione, algo que haga que se le pase el tiempo volando. Diez mil horas son muchas horas.

¿Deja el tiempo necesario?

«Cuando el alumno
está preparado, aparece el maestro.»
ANÓNIMO

«No por mucho madrugar, amanece más temprano.»
REFRÁN POPULAR

En ocasiones, contar con el mejor equipo, con los recursos necesarios, con una fuerte determinación y con una poderosa idea no es suficiente... Hasta el mejor avión necesita de una pista de despegue lo suficientemente larga como para poder despegar.

No es suficiente disponer de la mejor uva, del conocimiento necesario o de las ganas de hacer un buen vino: también hace falta dejar el tiempo necesario para que el buen vino pueda crearse.

Si está reescribiendo el guión de su vida, es posible que esté ansioso por ver los resultados, pero con frecuencia el momento oportuno solamente llega cuando ha transcurrido un tiempo cronológico adecuado. No tema: si usted está en ello, el resultado tarde o temprano acabará por aparecer.

Los griegos empleaban dos palabras diferentes para referirse al tiempo: «cronos» y «kairos». Cronos se refiere al tiempo cronológico, mientras que kairos se refiere al momento indicado en el que las cosas suceden.

Antes del momento no es el momento y después del momento tampoco es el momento. Aprender a hacer caso de los griegos en ese asunto me ha facilitado la paz interior necesaria para comprender que hay un tiempo para que suceda cada acontecimiento.

Vivimos en una sociedad en la que todo sucede a velocidad de vértigo y donde el tiempo que estamos dispuestos a esperar para recibir la gratificación tiende a ser cada vez menor. Y la consecuencia de esto es que corremos el riesgo de olvidarnos de que no todo puede conseguirse de manera inmediata.

Hay procesos o proyectos cuya consecución conlleva necesariamente cierto tiempo y que exigen al que lo acomete la paciencia necesaria para que ese tiempo transcurra. A veces decimos: «Vaya, esto no funciona...», y a mí me suena como a «Vaya, llevo dos semanas embarazada y no doy a luz». En la sociedad del clic es fácil olvidarse del valor de la constancia.

El árbol del bambú proporciona una metáfora muy poderosa para comprender cómo funcionan ciertos procesos. El bambú tiene posiblemente el crecimiento más rápido de todas las especies, llegando a superar los treinta metros por mes. Sin embargo, para que esto suceda es preciso dejarle a la semilla el tiempo necesario para que comience su crecimiento: alrededor de siete años. El bambú emplea estos siete años en expandir sus raíces para posteriormente poder crecer a un ritmo vertiginoso. Al bambú le importa poco la prisa que a su alrededor puedan llegar a tener: necesita siete años para empezar a crecer. Con ciertos procesos sucede lo mismo: necesitan de un tiempo determinado antes de manifestar sus frutos.

«El bambú necesita siete años antes de empezar a crecer.»

Cuando se encuentre cansado de trabajar en una situación que no acaba de ofrecer los resultados esperados, recuerde la metáfora del bambú y pregúntese si no será que su árbol necesita aún más raíces. Si es el caso, siga regando y abonando el terreno; cada semilla requiere un tiempo diferente antes de empezar a dar sus frutos. No hay piedra que pueda resistir la erosión de una gota que caiga durante el tiempo necesario. Es más, sea valiente: deje a la vida que actúe. Dice el Tao que el maestro no hace nada, pero no deja nada por hacer.

Encuentre qué árbol desea, después plante la semilla y préstele la atención debida: riegos, tierra abonada, etc., pero recuerde que cada semilla necesita un tiempo de germinación diferente. Entérese del tiempo que necesita su semilla para crecer: conocer esta información y respetarla le ayudará a disfrutar del proceso tanto como de los resultados.

¿Qué ha hecho esta última semana?

«Toda acción genera una fuerza de energía que vuelve a nosotros de igual manera.»

DEEPAK CHOPRA

«Cada uno da lo que recibe, y luego recibe lo que da. Nada es más simple. No hay otra norma. Nada se pierde. Todo se transforma.»

JORGE DREXLER

Cuando era niño, junto a mi casa había una tienda de ultramarinos. La regentaba una simpática pareja que anotaba en un cuaderno todos los productos que los vecinos teníamos por costumbre llevarnos sin pagar en efectivo. Después, cada cierto tiempo, el padre o la madre de cada casa se pasaba a saldar la deuda suya y de sus hijos.

En ocasiones, el hecho de no pagar en el momento proporcionaba una falsa sensación de gratuidad, pero de hecho siempre acabábamos pagando todo lo que nos llevábamos.

En algunos aspectos, la vida funciona como estas tiendas de ultramarinos que antes abundaban en Madrid: lleva una cuenta en la que anota todas nuestras acciones. En la vida no hay nada gratis: cada acto tiene un precio y una consecuencia. A veces podemos no verlo de forma directa, pero de hecho es así. Su vida es el fruto de cada una de los millones de decisiones que ha ido tomando.

No se deje engañar cuando le amenacen con el precio de una decisión porque todas, absolutamente todas las decisiones, y ya tomamos unas cuantas cada día, tienen un precio. En la vida cada pequeña decisión tiene inevitablemente una consecuencia. Siempre se pasa por caja. Si decide seguir en ese trabajo, pagará un precio; si se marcha, pagará otro diferente. Más que preguntarnos por el precio de una decisión, deberíamos acostumbrarnos a comparar el precio de esa decisión con el de otra diferente.

Nada es gratis. Cada decisión tiene un precio. Cada acto es definitivo.

La vida, al igual que los dueños de aquella tienda de ultramarinos, toma nota de todo al margen de la motivación que usted tuviera para hacerlo. Hay razones que explican determinadas acciones, pero recuerde que la vida, haga lo que haga e independientemente de las razones que pudiera tener para actuar, toma nota de todo en su particular cuaderno.

Por eso le pregunto: ¿qué ha hecho esta última semana? Sostengo que lo que cada persona, país u organización ha hecho la última semana le dará una pista bastante clara de dónde estará dentro de uno, tres o cinco años.

Una semana es un período de tiempo lo suficientemente amplio como para que los diferentes roles de su vida puedan entrar en juego equilibradamente: pareja, hijo, padre, amigo, deportista, creativo, voluntario... Quizá hay roles que no juega todas las semanas, pero entonces es posible que no se trate de una faceta decisiva de su vida.

Reflexione sobre lo que ha hecho la última semana. Le va a dar una pista bastante clara de por dónde irá su vida. Nos convertimos en lo que hacemos, por eso le pregunto a qué ha dedicado sus horas... Y eso sirve por igual a las organizaciones. ¿En qué proyectos han estado trabajando? ¿Le están prestando atención y tiempo a lo esencial? ¿Dejan un hueco para lo creativo y la innovación?

Quizá esté pensando en que precisamente esta semana ha estado de vacaciones y, por tanto, este cálculo no le sirve. En principio no me refiero a esas semanas de descanso, aunque si le soy sincero, y en esto tengo una opinión muy personal, creo que una distinción muy severa entre tiempo de ocio y tiempo laboral nos está gritando que hay algo que falla.

El tiempo de ocio también nos habla de cómo será nuestra vida: ¿lo pasa tumbado en el sofá o durmiendo más de lo necesario para una correcta recuperación? ¡No importa que sea tiempo de ocio! El tiempo es vida, y si lo derrocha, estará dejando que se le escape la vida, independientemente de que lo haga el lunes por la mañana o el domingo por la tarde.

No creo en el modelo de ocio imperante: es absurdo, consumista y tiende a distraernos de lo esencial. Cuando piense en qué hace con sus semanas, eche también un vistazo a su tiempo de ocio: no deja de ser tiempo. Sigue siendo su vida.

Los cientos de acciones que desarrolla cada día en su trabajo y en su vida personal también son decisiones. Por lo general somos poco conscientes de las consecuencias que tienen nuestras pequeñas rutinas. Si usted es de los que van con el piloto automático puesto, posiblemente no asuma o entienda que lo que nos está pasando ahora mismo es el efecto directo de las decisiones que ha tomado en el pasado; lo que hacemos hoy está generando nuestra realidad de mañana y de dentro de diez años. Somos máquinas de decidir. Es lo que más hacemos: estamos condenados a decidir a cada instante, y es trágico que tantas y tantas veces lo hagamos sin tomar conciencia de ello. No estamos entrenados para decidir y, por tanto, no siempre estamos dispuestos a aceptar las consecuencias de nuestras acciones.

Aún recuerdo mi primer encuentro con el mundo del *coaching*. Tuvo lugar cuando colaboraba en una organización pública dependiente del Ayuntamiento de Londres, cuyo responsable ejercía además como *coach*. Él fue quien me evangelizó en esta disciplina y quien poco tiempo después se convirtió en mi primer *coach*. Recuerdo que el primer ejercicio que hicimos, y que aún hoy sigue vigente en mi vida, fue el del establecimiento de prioridades a la hora de tomar decisiones.

Primero me pidió que escribiera en un papel los cuatro o cinco aspectos más importantes de mi vida; después, que los colocara por orden. A continuación me dijo: cuando tengas que tomar una decisión y no sepas qué camino tomar, sólo tienes que consultar este papel y ver cómo se conjuga con tus prioridades. La lógica de este ejercicio es aplastante, y aunque en pleno campo de juego a veces puede resultar difícil sacar el cuaderno para consultar cuál era la prioridad número uno, he de reconocer que este planteamiento aún me acompaña muchos años después.

Si quiere, olvídese de todo el capítulo, pero, por favor, reflexione un tiempo sobre esto: cada acción y cada decisión, por insignificantes que puedan parecerle, tendrán inevitablemente una consecuencia.

Y la suma de todas esas consecuencias es su vida.

«Hay tres preguntas que le ayudarán a tomar la decisión correcta en todo momento.»

Así que ya que tenemos que decidir todo el tiempo y las consecuencias de estas decisiones son evidentes, parece que lo más sensato es especializarse en tomar decisiones. Hay tres preguntas que son unas excelentes consejeras y que le ayudarán a tomar la decisión correcta en todo momento:

–¿Esto me acerca o me aleja de la paz interior?

–¿Esta decisión es buena para mí, para las otras partes implicadas y para el resto del Universo?

–¿Estoy decidiendo desde el miedo o desde el amor?

No le dé más vueltas. No se complique. Llevo años reflexionando sobre esta cuestión y, desde mi punto de vista, no se necesita mucho más para decidir. Y si está tomando la decisión correcta, ¿a qué podría tenerle miedo?

Y si tiene dudas con las respuestas, tome por costumbre escuchar a su cuerpo antes de tomar la decisión. Con un poco de práctica, comprobará que no es tan difícil y que le asesorará mejor de lo que hubiera pensado. Nos hemos educado en un paradigma limitante del mundo, un paradigma que prima lo racional, pero preste atención a su cuerpo y se sorprenderá de la cantidad de información que le brindará. Simplemente observe cómo se siente.

Acostumbro a pensar que en cada momento de la vida sólo hay una decisión correcta, una decisión beneficia a todas las partes implicadas, una decisión que, una vez tomada, es la adecuada. Mi trabajo consiste en entrenarme para ser capaz de reconocerla cuando tenga que hacerlo. Estas preguntas que le ofrezco son las que he decidido adoptar como consejeras.

Así como son sus días, serán sus semanas, y así como son sus semanas, será su vida. La semana es una unidad de medida excelente para verificar si está dejando un tiempo para los diferentes roles que desea que tengan un papel destacado en su vida: ¿qué ha hecho esta última semana? ¿Ha reservado un tiempo para cada una de las facetas de su vida que considera importantes?

Y usted… ¿piensa o hace?

> «¿Sabes cuál es el secreto de los valientes? No decir nunca que tienen miedo.»
>
> De la película *Secretos del corazón*

> «Porque si de algo tengo miedo, me acaece y sucede lo que temo.»
>
> JOB, 3-25

Cada cierto tiempo siempre me sucede lo mismo. Alguien me pregunta: «¿Cómo haces para sacar tus proyectos adelante?».

Respuesta: «Haciéndolos».

A continuación siempre se hace un breve silencio porque la otra persona piensa que le oculto algo. Aprovecho para decirlo públicamente: no oculto nada; de verdad que no hay más.

Sinceramente, no hay ningún secreto. Observe a las personas que obtienen resultados significativos. Ellos hacen. Los demás critican, miran, piensan o esperan al mejor momento.

Creo que la única diferencia con respecto a otras personas es que, mientras otros analizan, yo hago.

Mientras otros discuten cuándo van a empezar, yo ya llevo un rato haciendo.

Mientras otros esperan al viernes para preguntarles a sus amigos qué opinan de esto que se les ha ocurrido, yo para el jueves lo tengo acabado. Y el viernes lo que hago es preguntarles cómo harían para mejorar lo que ya he empezado.

Mientras otros se quejan, yo hago.

Mientras otros esperan a que llegue el mejor momento, yo hago; cada momento es el mejor momento.

Y cuando me entra el miedo, lo que también me pasa, por supuesto, lo conjuro haciendo. La mejor manera de vencer algo que le da miedo es poniéndose en marcha. Retrasar las cosas acrecienta el miedo y la acción lo elimina. Es tan sencillo que da casi hasta vergüenza decirlo.

No hay más. Si tuviera la capacidad de hipnotizar a las personas que asisten a mis talleres o conferencias, lo único que haría sería sacar el péndulo y decir:

No pienses, haz.

No pienses, haz.

No pienses, haz.

Una vez, alguien me dijo: «Cuando haces cosas, pasan cosas». Si hasta un niño de cinco años puede comprenderlo, no sé qué es lo que nos pasa de mayores que no nos damos cuenta de ese principio.

En *Las enseñanzas de Don Juan*, de Castaneda, hay un texto que un poco en esta línea afirma que el hombre sabio es aquel que «vive actuando, no pensando en actuar, ni pensando en lo que pensará cuando haya terminado de actuar...

»Él sabe que su vida habrá terminado demasiado pronto; él sabe, porque él ve, que nada es más importante que ninguna otra cosa.

»Así pues, el hombre sabio suda y resopla, y si uno lo observa es igual a cualquier otro hombre, excepto porque él controla la locura de su vida.

»Ya que nada es más importante que ninguna otra cosa, el hombre sabio, el hombre de conocimiento, escoge cualquier acto y actúa como si le importara.

»El control que tiene sobre su locura le impulsa a decir que su actuación importa y hace que actúe como si importara, y sin embargo, sabe que no es así; de modo que cuando cumple con sus actos, se retira en paz, y el hecho de que sus actos hayan sido buenos o malos, hayan resultado o no, no es cosa que le preocupe...».

«El hombre sabio escoge cualquier acto y actúa como si le importara.»

Sencillamente brillante. ¡Qué grande es Castaneda!

Lo leo una y otra vez, y me sigue haciendo vibrar. Me quedo sin palabras ante el derroche de sabiduría de este texto. Me gusta especialmente cuando dice «ya que nada es más importante que cualquier otra cosa, el hombre sabio escoge cualquier acto y actúa como si le importara».

¿Ha escuchado hablar del concepto «parálisis por análisis»? Analizar es necesario, pero si no toma una decisión que lo catapulte hacia la acción, estará en una situación de parálisis por análisis. Hay un momento para el análisis y otro para la acción, pero el uno sin el otro pierden su sentido. Son como el día y la noche, como la cara y la cruz de una moneda: el uno sin el otro no pueden funcionar.

Una de las mayores amenazas que conlleva la búsqueda de una vida significativa es empantanarse en lo mental y no avanzar por no estar seguro de que la decisión tomada es la correcta. Paradójicamente, no podrá estar seguro de que la decisión tomada es la adecuada hasta que no la haya puesto en marcha. El papel lo soporta todo. La teoría, también. Pero la acción es algo más exquisita. No sabrá si ha acertado o no hasta que se ponga en funcionamiento. No espere a reunir todos los datos para actuar porque esto nunca va a suceder.

Lo importante es estar en marcha..., disfrutando del camino, actuando conscientemente, estando abierto a los cambios que la vida nos sugiere..., pero en marcha.

Permítame que le proponga un ejercicio que hago con bastante frecuencia y cuyas consecuencias sé que acabarán de una u otra manera por transformar su vida.

Le propongo algo tan sencillo como salir de su zona de confort una vez al día.

Le propongo que siempre que le resulte posible, una vez al día haga algo que le resulte incómodo. Una llamada de teléfono. Buscar un cliente nuevo. Sacar una conversación que tiene pendiente con alguien y que le resulta difícil. Ir a hacer deporte cuando está cansado. Hacer eso que lleva tiempo pensando, pero que, por algún motivo, no cesa de aplazar. No sé... cualquier acción que le resulte íntimamente molesta, por pequeña que sea.

Algo que despierta genuinamente mi atención es lo poco confortable de ciertas zonas de confort. Todos hemos estado alguna vez en alguna situación en la que no disponíamos de la autoestima, de la fuerza o de los recursos necesarios para salir, pero que no resultaba nada cómoda.

No comprendo por qué se le llama «zona de confort». De hecho, debería llamarse «zona de inercia».

Pues bien, si escoge con mimo y atención su ejercicio diario para salir de su zona de comodidad, de su zona de inercia, su miedo acabará por aburrirse y capitulará porque sabrá que no tiene nada que hacer. Su miedo sabrá que con usted, como dicen los abogados, no hay caso. Ésta es mi propuesta: que fatigue a su miedo, que le gane por goleada, que le deje claro que cada día va a hacer algo para salir de su zona de confort, independientemente de lo que éste opine.

No le digo un mes, pero, para empezar..., ¿se atreve a salir de su zona de confort una vez hoy y otra mañana? Sólo eso: una vez hoy y otra mañana.

¿Celebra sus éxitos?

Tómate un tiempo para disfrutar:
el camino ha sido largo y difícil.
Tómate un tiempo para ayudar a otros:
mucho se te ha concedido.
Tómate un tiempo para compartir tu triunfo:
quienes te aman también subieron a tu lado.
Tómate un tiempo para mirar de dónde partiste:
te juzgarás con menos severidad.
Tómate un tiempo para descansar un poco:
hay una nueva cumbre por conquistar.

LIDIA MARÍA RIBA

En esta cuestión tengo una teoría muy personal: uno es lo que celebra.

Celebrar es lanzarle un mensaje muy claro a la vida, a uno mismo y a los demás: esto que me ha pasado me gusta y quiero que me pase de nuevo.

Celebrar es mostrarse agradecido. Y a la vida le gustan los agradecimientos.

Uno es lo que celebra porque centra su atención en lo positivo que le ha sucedido. Acostúmbrese a celebrar, a lo grande o discretamente, solo o en compañía, como prefiera, los acontecimientos importantes de la vida.

Creo que el poder del ritual está infravalorado en nuestra sociedad. Aunque todas las culturas lo han desarrollado de una u otra forma, creo que no somos conscientes del poder que lo simbólico tiene sobre nuestra vida. Y en este sentido, la celebración es, a mi juicio, una poderosa herramienta de transformación porque es un lenguaje simbólico que habla directamente a nuestro inconsciente, a nuestro corazón.

«Uno es lo que celebra.»

Celebre como prefiera, pero celebre aquello que desee que le suceda de nuevo.

Además, celebrar los éxitos le ayuda a recordarlos. Y recordar aquello que se ha hecho bien es imprescindible para confiar en nuestras propias posibilidades. Aquellas personas que son más conscientes de sus logros, también lo son de las herramientas de las que disponen para enfrentarse a las situaciones complicadas. Por eso empezaba preguntándole si celebra sus éxitos. Es probable que en este momento usted no sea consciente de todos los recursos que tiene a su disposición para salir de un apuro.

Tener memoria del éxito es recordar aquellas veces en las que ha conseguido salir de embrollos, de resolver problemas. Ser consciente de las ocasiones en las que uno ha tenido éxito es una eficaz herramienta porque nos empodera: nos recuerda que si pudimos enfrentarnos en aquella ocasión y salir victoriosos, disponemos de todo lo que necesitamos para poder hacerlo en ésta.

Tener memoria del éxito nos permite estar tranquilos y saber que tendremos capacidad para improvisar un plan B cuando eventualmente las cosas no sucedan como teníamos pensado. Dice el refrán que quien hace un cesto, hace ciento. Si encontró la manera de resolver un problema similar en el pasado, también ahora podrá hacerlo.

¿Está tratando de resolver algún problema ahora mismo? Retroceda en su vida hasta recordar alguna situación similar en la que consiguió encontrar la fuerza y la solución para salir adelante. Es fácil que encuentre ahí la energía para enfrentar la dificultad que ahora le ocupa.

Recordar los éxitos le servirá también para darse cuenta de que su valor no depende de la dificultad concreta por la que está pasando en este momento. Piense en un billete de quinientos euros. El billete tiene el mismo valor esté recién sacado de la Fábrica de Moneda y Timbre o se encuentre arrugado y mojado.

Recordar las ocasiones en las que ha hecho bien las cosas le ayudará a darse cuenta de que, pase lo que pase, se enfrente al problema al que se enfrente en este momento, le hayan salido como deseaba las cosas o no, usted conserva su valor: al margen de que se sienta bien o mal, usted conserva todo su valor. Y celebrar sus logros, celebrar todas aquellas cosas que le hacen feliz le ayudará a acordarse de esto cuando le resulte necesario. Celebre lo que quiera. Hágalo de la forma que usted prefiera, pero por favor, celebre.

¿Es una persona popular?

> «Ya es hora de dejar de hacer lo conveniente para empezar a hacer lo correcto.»
>
> ROBIN SHARMA

Los ejércitos no quieren héroes, las iglesias no quieren santos y las empresas no quieren genios. La historia siempre ha sido igual: el que se sale del camino premarcado, recibe presiones y deja de ser popular según para quién.

Hay una razón perfectamente lógica: los que ejercen el poder, ya sea en una familia, empresa, asociación, comunidad de vecinos o grupo de amigos, se verán amenazados si las cosas se empiezan a ver o a hacer de otra manera.

Es de sentido común: si usted fuera rey, ¿pondría en tela de juicio la monarquía?

Así que si desea vivir su propia vida como desee y no como le proponen los demás, si quiere ver el mundo con sus propios ojos o pretende vivir la vida de un modo ligera o diametralmente diferente, entonces prepárese, porque por algunos momentos dejará de ser popular.

Ya sabe lo que dijo Herbet Bayard Swope, primer ganador de un premio Pulitzer: «No puedo darle una fórmula segura para tener éxito, pero le puedo ofrecer una fórmula para fracasar: intentar contentar siempre a todo el mundo».

Liderar, ya sea su propia vida, un proyecto o un país significa ver las cosas de una manera diferente a la forma en la que se han visto hasta el momento. Significa salirse un poco de lo común, y eso quiere decir que habrá un momento, que llegará antes o después, en el que tendrá que soportar críticas, es decir, dejar de ser popular. Somos así, los humanos tendemos a criticar a los que hacen las cosas de una manera diferente porque eso pone en tela de juicio nuestra propia vida.

Esto es lo que sucede en la película *Jerry Maguire*, donde Tom Cruise interpreta a un representante de estrellas deportivas que encarna el prototipo de éxito hasta que una noche, inspirado por hacer de su trabajo algo grande y significativo, redacta un escrito en el que propone una nueva manera de hacer negocios. Lo llama «Las cosas que hacemos y que no decimos: El futuro de nuestra compañía». Al día siguiente, después de enviar una copia a todos los trabajadores de la compañía es fulminantemente despedido. Y es precisamente ahí donde arranca esta inspiradora película. Pero fíjese que se ajusta a este principio: el que abandona el rebaño deja de ser popular.

Uno de los motivos que impiden a las personas salirse del camino premarcado y liderar su propia vida es que para hacerlo tendrían, en la mayoría de los casos, que enfrentarse a lo que los demás, ya sea su familia, su pareja, su jefe, su entorno o su grupo social están acostumbrados. Pero como Jerry Maguire, en ocasiones es preciso enfrentarse a todo lo que está establecido y tener fe en uno mismo. De hecho, la fe en sí mismo es lo único que le sacará de apuros y le reconfortará en los momentos difíciles de la vida.

«Los ejércitos no quieren héroes,
las iglesias no quieren santos
y las empresas no quieren genios.»

Las personas necesitamos el amor y afecto de los demás para vivir tanto como el agua o el oxígeno. Y muchas personas no están dispuestas a poner en peligro ese vínculo haciendo cosas que su entorno desaprobaría. Los humanos tememos la soledad. Está grabado en nuestro código genético que la soledad es peligrosa. De hecho, si un bebé se quedase solo, moriría. Esto explica por qué muchas personas llevan las mismas vidas que han llevado los miembros de su entorno más cercano.

Si no está preparado para hacer la travesía del desierto y andar parte del camino en soledad, entonces es mejor que se haga popular.

¿Es fan de su gente?

«Si una situación es definida como real, lo es en sus consecuencias.»

Teorema de THOMAS

«La tarea más importante que tienes es cultivar a tu gente, darle la oportunidad de que alcance sus sueños.»

JACK WELCH

«Todas las noches, antes de que mis hijos se vayan a dormir, les recuerdo cuatro principios: cuando seáis mayores tendréis la capacidad de hacer cualquier cosa que os propongáis; nunca os deis por vencidos; hagáis lo que hagáis, hacedlo bien, y recordad que vuestro padre os quiere mucho.»

ROBIN SHARMA

Con frecuencia me pregunto qué es lo que ha hecho que yo sea como soy. Aunque cada vez lo tengo menos claro, sí que estoy seguro de que hay algo que ha marcado toda la diferencia y es la confianza que otras personas han depositado en mí.

Las investigaciones están poniendo de manifiesto algo que muchos habíamos descubierto de manera más o menos intuitiva: las expectativas que ponemos sobre el comportamiento de los demás acaban influyendo sobre su comportamiento.

En otras palabras, si usted le dice a los suyos lo mucho que los aprecia, lo que está haciendo es contribuyendo a que ese afecto siga vivo en el futuro. Y si le dice a otra persona lo bien que hace algo o que valora lo mucho que lo está intentando, estará incentivando (y casi incitando) a que esa persona dé lo mejor de sí misma para no defraudar la expectativa que ha depositado en ella.

Pero preste atención porque al revés funciona exactamente igual.

Los seres humanos mostramos una gran sensibilidad a las expectativas que depositan sobre nosotros, y tomar conciencia de ello puede cambiar profundamente las relaciones que mantenemos con otras personas. En cierta ocasión teníamos como invitado en el programa «Pensamiento positivo» a Bernabé Tierno, y reflexionando sobre esta cuestión dijo: «Una de las mejores maneras de corregir ciertos defectos es atribuir ostensiblemente a quienes los tienen las virtudes contrarias». No puedo estar más de acuerdo.

Debe ser consciente de la capacidad que tenemos las personas para hacer nuestros los pensamientos y sentimientos ajenos. El investigador Rizolatti descubrió, mientras registraba el funcionamiento de unas neuronas en un macaco, que algunas se activaban de forma inesperada y que parecían tener la capacidad de leer la intención de otros macacos que estaban en el mismo laboratorio.

«Las expectativas que tenemos sobre las personas de nuestro alrededor influyen sobre su comportamiento.»

Son las llamadas «neuronas espejo». Pero el descubrimiento no se queda ahí: un artículo publicado en la revista *Science* en el año 2005 apunta a que estas neuronas permitirían hacer propias las emociones y sensaciones de los demás. Lo que vienen, por tanto, a demostrar estos descubrimientos es que aquello que pensamos o sentimos es capaz de influenciar directamente a otras personas.

Se puede decir más alto pero no más claro: lo que usted piensa o siente tiene una influencia directa en su entorno. Y, por tanto, en su vida.

¡Hágase fan de su gente! Es una de las prácticas que, con menos esfuerzo, mayores cambios puede ejercer a su alrededor.

Pero incluso puede ir un paso más allá y ayudar a los que están a su alrededor a que se conviertan en seguidores de sí mismos. Aumentar los niveles de autoestima de las personas de su entorno hará más satisfactoria su vida y la de los demás.

En este sentido, el director de orquesta Benjamin Zander emplea una técnica con sus alumnos que parece predisponerlos a la excelencia.

Lo que hace es anunciar a sus estudiantes que todos ellos recibirán la máxima calificación posible siempre que cumplan el requisito de escribir una carta, fechada en mayo próximo, que empiece de esta manera: «Apreciado señor Zander, he conseguido un A porque...». Y solicita que expliquen pormenorizadamente qué han hecho para conseguir esa excepcional calificación.

Ser el mayor admirador de su gente le proporcionará sorpresas. La primera es que, al pensar constantemente en las virtudes de las otras personas, vivirá más feliz. La segunda es que, al cambiar el foco de su energía en las cosas que observa de otras personas, comprobará cómo las relaciones que mantiene con ellas experimentarán una satisfactoria evolución.

Y si esta idea le parece potente pero no sabe por dónde empezar, acostúmbrese a expresarles a los demás lo mucho que los valora o aprecia. Y si además lo hace por cosas concretas, comprobará que funciona aún mejor. Aprenda a observar a otras personas y a percibir sus aspectos maravillosos, que seguro que los tienen. Recuerde lo que dijo Joyce: «No hay personas mediocres, sino observadores mediocres».

La cultura latina tiene algunos aspectos excepcionales en la forma en la que nos relacionamos con otras personas; sin embargo, es poco propicia al refuerzo positivo, a decirle a los demás lo mucho que valoramos lo que son o lo que hacen. No obstante, es importantísimo decirle a los demás lo mucho que los apreciamos y admiramos, lo bien que hacen las cosas, lo importante que para nosotros ha sido que esa persona haya hecho algo concreto. Y si toma por costumbre hacerlo, comprobará cómo las relaciones con las personas de su entorno empiezan a ser más ricas y satisfactorias.

¿Cuál es su nivel de compromiso?

«Uno de estos días significa ninguno de estos días.»
PROVERBIO CHINO

«Lo que realmente cuenta es lo que haces, no lo que tienes intención de hacer.»
PICASSO

«En este juego no se gana si se apuesta flojo.»
De *El mercader de Venecia*

¿Cuál es su nivel de compromiso para llevar a cabo su/s proyecto/s en una escala del cero al diez? Entendiendo como proyecto no sólo proyecto laboral. Reflexiónelo con calma y después anote el número en un papel. Por favor, hágalo antes de seguir leyendo.

Si su nivel de compromiso con su/s proyecto/s, con su gente y con su vida no es de diez, le propongo que reflexionemos sobre ello.

Si hace algo, hágalo y si no lo quiere hacer, no lo haga. Si está en un sitio o con una persona, esté al cien por cien. Si no, márchese. Si se embarca en un proyecto, dé lo máximo de usted mismo. Pero no se permita estar en el presente sin estar. No necesita hacerlo.

Pero de hecho esta idea de dar lo mejor en todo momento ni siquiera es nueva. Hace miles de años, los toltecas, pueblo del sur de México de hombres y mujeres de conocimiento, hacen mención a esta idea en *Los cuatro acuerdos*:

1. Sé impecable con tus palabras.
2. No te tomes nada personalmente.
3. No hagas suposiciones.
4. Haz siempre tu máximo esfuerzo.

El texto de *Los cuatro acuerdos* afirma que este último, «haz siempre tu máximo esfuerzo», es el que permitirá que los tres primeros se conviertan en hábitos, aunque también, y muy acertadamente, que «el máximo esfuerzo» será diferente de una circunstancia a otra.

No permita a su mente que se distraiga. El nivel de lo que es un compromiso diez va a variar de una persona a otra y de un momento a otro. Pero, si de entrada, el compromiso no es total, hay un problema de falta de actitud y, probablemente, de falta de resultados.

Tiene soberana libertad para elegir en todo momento desde dónde quiere vivir y puede elegir hacerlo desde el compromiso. Eso no tiene nada que ver con los resultados ni con su posición actual. Para vivir desde el compromiso no necesita nada. Sólo la decisión de hacerlo.

Hay personas que no se comprometen con su vida, están como atemorizadas de decir que quieren una vida diferente, de expresar su necesidad de dejar una impronta en este mundo, de vivir significativamente. Temen ser diferentes y que las miren por ello de reojo. Tienen miedo de no poder lograr lo que desean y tener que asumir entonces que no lo consiguieron. Es mucho más fácil hablar de algo que comprometerse.

«Compromiso diez y expectativas cero. Para mí, ésa es la fórmula de la felicidad.»

Y por eso no sólo viven, sino que también sueñan de puntillas. ¿Se ha sorprendido a usted mismo alguna vez pidiendo a la vida que le toque un premio de lotería, aunque «sólo» sea el premio menor? Las probabilidades de que le toque un premio u otro son en principio las mismas, así que ¿por qué esperamos sólo que nos toque el premio menor? ¿Por qué no –en la lotería o en la vida– jugar para que nos toque el gran premio? Pues porque soñamos a la baja.

En la vida se puede jugar para ganar o para no perder. Hace poco, una persona me dice que está buscando pareja y que, sabiendo que tiene a la estadística en contra y que lo más probable es que dentro de cinco años esa relación sea pasto del divorcio, está pensando en escoger una pareja con la que se lleve bien en caso de divorcio. ¿Se puede negociar con la vida más a la baja?

Queremos resultados, pero no nos comprometemos. ¿A cuántas personas conoce que a final de año le hayan dedicado más tiempo a planificar su vida que sus vacaciones?

Queremos los resultados, pero no queremos vivir el proceso. Pero las cosas no funcionan así. Comprometerse con la vida exige reflexión, exige normalmente tomar decisiones difíciles, exige mirarse al espejo y dedicarle tiempo, posiblemente más tiempo del que pensaba en un principio, a trabajar por aquello que desea.

El orden de la vida es ser-hacer-tener. No podrá tener ciertas cosas si no hace ciertas otras. Y para ser capaz de hacer esas cosas tendrá que ser de una determinada manera. Esto explica, por ejemplo, por qué las personas que obtienen cosas para las que no están preparadas las pierden. Gran parte de las personas a las que les toca un premio en la lotería o que reciben una herencia, transcurridos unos años, terminan por llevar una vida similar a antes de que les tocara. No se puede tener sin hacer y no se puede hacer sin ser. Incida en el ser y lo más probable es que todo lo demás acabe por llegar.

Los cambios siempre son de dentro hacia fuera. Ése es el paradigma. Cualquier otro paradigma está obsoleto. Respételo y las cosas cambiarán. Resulta muy difícil tener resultados sin estar preparado para los mismos. «Ser» antes que «tener».

Y en las antípodas de este vivir de puntillas y de refilón tenemos la actitud del compromiso total. Cuentan que cuando Hernán Cortés inició la conquista de México quemó las naves para impedir que sus hombres pudieran retroceder o huir y para lograr una entrega absoluta de sus guerreros en la batalla. Sin barcos, sólo existía una opción: luchar para ganar o morir capturados. Quemar las naves es comprometerse, es apostar genuinamente por lo que uno quiere. ¿Está dispuesto a quemar las naves para luchar por aquello que quiere en la vida?

Recientemente, durante una conversación con mi *coach*, me dijo una frase que me dio que pensar. Le comentaba que esa mañana me encontraba algo cansado debido a que había descuidado la alimentación y los buenos hábitos durante unos días de intensa actividad y que, como consecuencia de eso, no me encontraba con mi nivel óptimo y habitual de energía. Entonces me dijo: «Sergio, no nos podemos permitir eso. Nosotros somos como atletas de alto rendimiento. Tenemos que estar en forma y cuidarnos».

Atletas de alto rendimiento. Y esa expresión estuvo unos días revoloteando a mi alrededor, haciendo acto de presencia cada cierto tiempo. Y la verdad que me dio que pensar porque le puso nombre a una realidad que ya venía intuyendo desde hacía algún tiempo. La vida es como una yincana, donde tener un nivel de energía óptimo fuera condición sine qua non para poder superar todas las pruebas. Pero, sobre todo, para poder disfrutar del camino.

Cuidar mis hábitos para tener un nivel de energía óptimo es parte de mi compromiso con la vida. He pasado por ello y por eso sé que se hace cuesta arriba la vida cuando uno se levanta agotado y pensando en la siesta, o cuando se está cansado o apático. Vivimos en una sociedad de zombis, de personas que mal dormidas y pésimamente alimentadas se pasan el día esperando a que llegue la noche para poder descansar.

Parte del compromiso con la vida pasa por convertirse en un atleta de alto rendimiento. Obviamente, no en un sentido literal, pero sí en el sentido de cuidar de nuestros hábitos y de nuestra salud física y emocional.

¿Ha diseñado ya sus rutinas de alto rendimiento? Créese unos hábitos que le preparen para la vida que desea y sea constante con ellos. Perfile unas prácticas que le permitan sentirse bien. Puede jugar a ser su propio entrenador.

Piense qué cambios podría incorporar a su vida. Seleccione uno o dos e incorpórelos. Puede parecer que es insignificante y que eso no va a cambiar mucho las cosas. Sin embargo, cuando esa pequeña rutina esté instalada, la sucederá otro nuevo hábito. Y la vida no es más que la suma de nuestros pequeños hábitos. No existen actos inocuos o pequeños: una larga caminata empieza por un pequeño paso. Dicen que para que una rutina pase a formar parte de nuestra vida, que para que un nuevo hábito se integre en nuestra cotidianeidad hacen falta treinta días de repetición. Incorpore una rutina treinta días y espere a ver qué sucede. Sólo eso.

Cada persona necesita unas rutinas diferentes, pero tendrá que incluir en ellas buenas prácticas físicas (hacer deporte varias veces por semana, alimentarse conscientemente, dormir el número de horas que necesite, eliminar ciertos hábitos y productos que sabe que no le sientan bien) y emocionales (fundamentalmente reaprender a escucharse, tomar por costumbre pensar, sentir y hacer en la misma dirección, y rodearse de las personas y entornos adecuados).

Y ya que estamos con rutinas, pruebe a incorporar como rutina emplear el vocabulario que necesite para la vida que desea tener. Emplee diariamente, en sus pensamientos o en sus conversaciones, palabras con alta vibración energética.

Si piensa y emplea con frecuencia palabras como «disgusto», «odio», «infelicidad», «desilusión», «decepción», «depresión», «crisis», «inseguridad», «indecisión», «pobreza», «corrupción» o «duda»..., tendrá una vida muy diferente a la que tendría si emplea habitualmente palabras como «prosperidad», «amor», «entrega», «abundancia», «felicidad», «plenitud», «sentido», «significado», «decisión», «aceptación», «riqueza», «confianza», «legado», «misión», «compromiso», «ilusión», «servicio», «determinación», «salud»...

Y si no cree que las palabras tengan vibración, recuerde el experimento de Emoto, que demostró a través de investigaciones, y así lo expone en su libro *Los mensajes del agua*, que nuestros pensamientos y palabras afectan al nivel molecular de los objetos físicos.

Emoto tomó muestras de agua y las expuso a sonidos grabados con diferentes palabras, después analizó las formas que adoptó el agua en función del sonido al que hubiera sido expuesta. Si todavía alberga alguna duda de que las palabras que pronuncia están modelando el mundo que le rodea, le recomiendo que busque estas imágenes y llegue a sus propias conclusiones.

Empezaba este capítulo preguntándole cuál es su nivel de compromiso para llevar a cabo su proyecto en una escala del uno al diez.

O se vive comprometido al cien por cien o se es un zombi, un muerto viviente, alguien que hasta puede llegar a despertar la sensación en su entorno de que está viviendo, incluso durante años o durante toda una vida, pero que definitivamente no lo hace.

O se compromete al cien por cien, con lo que quiera que sea que haga, un proyecto empresarial, una conversación con un amigo o desconocido, una relación, mirar un atardecer, pasar una tarde triste, comerse una manzana..., o estará haciendo algo que se le parece mucho a vivir, pero que no lo es.

¿Hace cuánto que no le miran con cara de alucinados?

«Siempre que te descubras en el lado de la mayoría es hora de pararse a reflexionar.»

MARK TWAIN

«Nada más difícil de emprender ni más peligroso de conducir que tomar la iniciativa en la introducción de un nuevo orden de cosas porque la innovación tropieza con la hostilidad de aquellos a quienes sonrió la situación anterior y sólo encuentra tibios defensores en quienes esperan beneficios de la nueva.»

MAQUIAVELO

Si alguien no se ha reído de sus ideas o se ha sorprendido de algo que ha dicho en los últimos días significa que no está aprovechando todas las oportunidades que la vida le ofrece.

Si quiere elegir su propia vida, es probable que se encuentre con resistencias por parte de su entorno. Muchas personas han decidido, curiosa paradoja, no responsabilizarse de su vida y, por ello, cualquier idea diferente les resultará agresiva. Y la atacarán, se mostrarán escépticos o como mínimo se sorprenderán.

Por eso, si a la mayoría le parece bien lo que está haciendo, eso es que posiblemente hay algo que está haciendo mal.

Las grandes ideas, o sencillamente las ideas originales, han encontrado siempre grandes resistencias. ¿El motivo? Pues que, como dice Hugh MacLeod en su irreverente, recomendable y pragmático libro *Ignora a todos*: «Las grandes ideas alteran el equilibrio de poder en las relaciones. Por esta razón, al principio, siempre encuentran resistencia».

La naturaleza tiene una fuerza muy poderosa que se llama inercia y que, por algún motivo, parece afectar también a los humanos. Si ha tenido que empujar alguna vez un coche estropeado, habrá observado que al principio cuesta un tremendo esfuerzo conseguir que el vehículo empiece a moverse. Pero entonces también se habrá dado cuenta de que una vez puesto en marcha, apenas hay que empujar un poco para que se siga moviendo y que lo costoso entonces es precisamente lo contrario: detenerlo.

Pues con nuestra vida y con la vida de las organizaciones en las que participamos sucede lo mismo: están sometidas a la inercia. Un líder es una persona que se enfrenta a la inercia, a la manera en la que las cosas se venían realizando, que se enfrenta al statu quo. Y para eso, hace falta mucha visión y mucha determinación.

Si quiere liderar su propia vida o la de su organización, prepárese para pasar frío, especialmente al principio, cuando no cuente con la ayuda de ningún *sherpa*. Liderar es ascender a la cumbre, y en la cumbre hace frío porque hay menos gente, porque más personas estarán pendientes de ver si se tropieza y porque tendrá más responsabilidad, se dirija sólo a sí mismo o a cien personas, y la responsabilidad implica generalmente soledad.

«Haga cálculos; si a la mayoría le parece bien lo que está haciendo, eso es que hay algo que está haciendo mal.»

Por el contrario, en la cumbre las vistas son espectaculares, y a medida que vaya ascendiendo esa montaña particular que cada persona tiene, las compañías que se encontrará en los diferentes refugios compartirán más cosas con usted: valores, intereses, una forma de ver la vida..., y sólo por eso, la verdad, ya merecería la pena.

Una idea genial le facilitará fama y notoriedad o le catapultará a lo más profundo de la sima de la marginación. Lo que es seguro es que no dejará su vida indiferente. Y como esto es algo que casi todo el mundo sabe, aunque sólo sea intuitivamente, muy pocos deciden correr riesgos. Pensamos más en lo que podemos perder que en lo que podríamos ganar. Y así, claro, nadie quiere arriesgar.

Y mucho menos en una cultura latina que penaliza la diferencia, el riesgo y la originalidad. ¿Se ha fijado cómo funcionan las cosas por aquí? Si el facilitador de un curso formula una pregunta a sus participantes, nadie contesta: tiene que hacer la pregunta tres veces antes de que alguien mueva tímidamente la mano. Y si esto sucede en el colegio y a un despistado se le ocurre responder, automáticamente los demás niños lo estigmatizan. Normal…, ¿a quién se le ocurre participar?

Hay un refrán que me encanta: «Si el viejo pudiera y el joven supiera…». Yo me he propuesto saber mucho de joven, ahora que aún puedo. Y por ello he decidido duplicar mi tasa de errores, hacer más cosas, equivocarme más, aprender más, arriesgar más… Independientemente de que me miren o no con cara de alucinados.

En definitiva, si hace las cosas de manera diferente, de manera honesta, si se es fiel a sí mismo, antes o después los demás le mirarán con cara de estupefacción. Y eso en el mejor de los casos, porque si se trata de una buena idea de las de verdad, a lo mejor hasta le quieren hundir o hacer desistir. Pero en esos momentos recuerde que no hay nada que pueda detener una idea a la que le ha llegado su hora.

Uno de los libros más inspiradores e influyentes de mi 2009 ha sido *Tribus*, de Seth Godin. Seth es un descubridor de tendencias que ha vuelto a dar en el clavo, como ya lo hizo con *Marketing permisivo*. Uno de los momentos que más resonó en este libro es cuando pregunta: «¿Cómo te ha ido el día? Si tu respuesta es: "Estupendo", entonces no creo que estés liderando». La idea es sencilla: liderar implica enfrentarse a problemas.

Hace algún tiempo estaba en la fase de impulsar un proyecto, y aunque para mí era evidente que funcionaría, hubo algunos momentos en los que muy pocos parecían compartir esa visión.

Explicar a los demás ideas nuevas a veces consume más tiempo del previsto. Y un día que estaba fatigado de trabajar en esta cuestión sin poder recoger aún resultados, un amigo me recordó lo que sucede en la película *Talk to me (Háblame)*, que habíamos visto juntos unos meses antes y que relata la historia real de Ralph «Petey» Greene, un ex presidiario que con tan sólo una idea original y mucha cabezonería se convirtió en un auténtico líder radiofónico y activista comunitario en los años sesenta en EE. UU. La película narra por todo lo que tuvo que pasar Petey para conseguir su programa de radio… ¡A él sí que lo miraron con cara de alucinados! La película me dio ánimos para seguir: las buenas ideas nunca han encontrado una buena aceptación al principio.

Y sin embargo, es importantísimo escuchar a otras personas, nos miren o no con cara de alucinados. Cada persona tiene un punto de vista, y prestarle atención enriquecerá su vida y la de los demás. Escucharlo no significa estar de acuerdo. Sólo significa eso: escucharlo. Y si considera que hay algo que le llega, cambie de opinión, ríndase, permita que otras ideas enriquezcan su punto de vista. Disfrute del gustazo que supone cambiar de punto de vista después de una conversación con otra persona.

Por cierto, ¿necesita un poco de ánimo en ocasiones? ¡Yo también! Algo que me resulta tremendamente inspirador es leer biografías o autobiografías, o ver películas biográficas o documentales sobre la vida de personajes con vidas estimulantes. Escuchar conferencias, que hoy gracias a Internet están al alcance de cualquiera, también me resulta muy motivador. Esta práctica me ayuda a comprender cómo manejaron determinadas situaciones y a darme cuenta de que ellos, un día, también estuvieron a solas en su habitación con tan «sólo» eso: una visión y la determinación de llevarla adelante sin moderación.

Para mí, ésta es una de las claves: sin moderación. Siempre de acuerdo a mis valores, pero sin moderación, porque después de todo, piénselo: no hay moderados en los libros de historia.

¿No intentará ser el mejor?

«El que quiera recibir tiene que empezar dando.»
TAO TE CHING

«Todas las personas que conozco son superiores a mí en algún sentido. En ese sentido aprendo de ellas.»
RALPH WALDO EMERSON

En el transcurso de una entrevista radiofónica que le hicimos en «Pensamiento positivo» a Joan Garriga por su libro *Vivir en el alma*, Joan hizo una reflexión que me parece de vital importancia: «La perfección no existe en el plano de lo humano. Y si existiera, no tendría ningún interés; sólo existe lo imperfecto y lo imperfecto es lo real, y nuestro trabajo es aprender a amar lo real».

Aunque en este caso, él lo aplicaba al ámbito de las relaciones, y en concreto al de las relaciones familiares, me parece un buen punto de partida para comprender que no importa lo bien que intentemos hacer las cosas, nunca lograremos la perfección.

Como escritor es algo que me pregunto cuando he revisado una página o un capítulo una y otra vez: ¿será la página perfecta? Entonces llegó Paul Valéry y me sacó de dudas: «Un poema nunca se acaba, sólo se abandona».

La perfección es un ideal, una quimera. La perfección no existe: es como esa zanahoria que se le pone a los burros para que caminen, pero que nunca llegan a alcanzar.

Y sin embargo, me apasiono contemplando a las personas que, aun sabiendo que nunca llegarán, emprenden el camino de hacer las cosas lo mejor que pueden, que se embarcan en esa carrera sin meta que es la de la búsqueda del trabajo, en un sentido amplio de la palabra, bien hecho.

**«Me gustan los mejores en algo,
pero los que realmente me hacen vibrar
son los excelentes.»**

De vez en cuando almuerzo en un restaurante cuyos camareros, antes de retirar el plato, siempre amables, preguntan: «¿Desea repetir?». Me parece un ejemplo sencillo de búsqueda del trabajo excelente. Lo más sorprendente es que casi ningún cliente solicita que le sirvan más comida, así que esta práctica, además de dejar contentos a los comensales, que saben que nunca se irán con apetito del restaurante, les resulta económica.

Me gusta la gente que es la mejor en su disciplina y verdaderamente lo admiro. Sin embargo, los que realmente me hacen vibrar son las personas que están en el camino de la excelencia, es decir, que dan lo mejor de sí mismos en cada situación. Se puede ser el mejor sin ser excelente y personalmente siento cierta debilidad por las personas que desempeñan sus actividades excelentemente.

Para ganar las olimpiadas hay que ser el mejor nadador, pero ser un nadador excelente está al alcance de cualquiera que se proponga dar lo mejor de sí mismo en la práctica de este deporte.

Para ser excelente no es necesario ser deportista, directivo o artista. No espere a tener una tarjeta de visita con un cargo despampanante. No le hace falta y se perderá muchas alegrías por el camino. Todos podemos ser excelentes en lo que hacemos. La excelencia es un regalo que las personas inteligentes se hacen a sí mismas y para eso da igual dónde se encuentre o lo que haga. Puede empezar ya mismo.

Cuando le preguntaron a Conrad Hilton cuál era la lección más importante que había aprendido en su larga carrera, el fundador de la cadena de hoteles respondió: «Acordarse de meter la cortina de ducha dentro de la bañera». Ser excelente es esto: es estar pendiente de los pequeños detalles de la vida. Quien no cuida lo pequeño, nunca llegará a lo grande.

Multitud de películas de mafiosos, *Casino*, *Atraco perfecto*, *El Padrino*, *Atrapado por su pasado*, *El funeral*..., nos ofrecen en este sentido una importante lección: el imperio suele derrumbarse como consecuencia de descuidar un pequeño detalle al que nadie ha prestado atención (aunque la causa de fondo suele ser la avaricia). La excelencia es prestar atención a los detalles.

Aún hay quien no da lo mejor de sí mismo en cada situación porque está esperando a tener la «oportunidad» para demostrar lo capaz y brillante que puede llegar a ser.

Y mientras espera a que llegue el trabajo perfecto o a que aparezca esa situación en la que sí que merece la pena «darlo todo», los días van pasando, y ese momento nunca llega. Y nunca llegará. La única oportunidad es ahora. Hoy. Ahora mismo.

¿Ha escuchado alguna vez a alguien decir algo así como «mientras mi jefe haga como que me paga un buen sueldo, yo haré como que hago un buen trabajo»? El precio de dejar pasar la oportunidad de hacer el mejor trabajo hoy y ahora mismo es demasiado alto. Tanto que no se lo recomiendo a nadie. ¿Su jefe es cutre, casposo y maleducado? Mi consejo es, por supuesto, que tome los prismáticos para investigar nuevos horizontes, pero sobre todo que haga un buen trabajo. Tan bueno como pueda. Ése es un regalo que se hará a sí mismo, no al jefe. Nadie puede conocer las consecuencias de hacer algo de la mejor manera posible.

El mejor momento para hacer las cosas lo mejor que pueda es hoy. Es ahora mismo, mientras lee este libro. Ser excelente con lo que hace cada día es el pasaporte directo para que le brillen los ojos, para estar satisfecho de su labor, para mostrarse agradecido con la vida, y eso genera inevitablemente buenas relaciones y oportunidades.

Si es cocinero y está esperando a ser chef de su propio restaurante para crear unos platos suculentos e innovadores, probablemente eso nunca llegue a suceder. Empiece hoy mismo a innovar y a preparar algo sabroso, aunque venda perritos calientes en un puesto nocturno. Si es periodista y está esperando a ser el director del telediario líder de audiencia para trabajarse los contenidos, probablemente nunca llegue a ser ese director. ¡Tiene que escribir cada párrafo como si la vida le fuera en ello! Y es que, en el fondo, le va...

Una de las mejores maneras que conozco de salir adelante en la vida consiste en ser agradecido con la situación que está viviendo en cada momento. Y sin duda, ser excelentes, hacer cada cosa de la mejor manera posible demuestra agradecimiento con la vida. En lo laboral y en el resto de las facetas de su vida.

Comprometerse a ser excelente es el regalo que me hago a mí mismo cada día y que me permite descansar cada noche con una tranquilidad inefable. Y ése es un derecho que nadie, suceda lo que suceda, me puede quitar.

Cuidar de los pequeños detalles es vivir espiritualmente. Lo sutil se manifiesta en el detalle, en lo pequeño. No hay nada que le impida mejorar el mensaje de su contestador. Ahora. No hay nada que le impida mejorar la presentación de los alimentos en los platos de su casa o empezar a servir bien la mesa. Hoy mismo. No hay nada que le impida mejorar algún aspecto de su trabajo. Empezando hoy mismo.

Esperar a que se presente la oportunidad ideal para ofrecer lo mejor de uno mismo es una trampa mortal porque eso conduce a una vida de refilón y de puntillas, a una vida con sabor a comida de hospital.

Robin Sharma, en su *Éxito, una guía extraordinaria*, tiene una expresión que sintetiza esta actitud: «Lidera sin cargo» *(Lead without title)*. Es decir, lidera tu existencia independientemente del cargo que ocupes hoy.

Es brutal. Me hechiza esta idea: lidera sin cargo.

Luther King también comprendió la radical importancia de esta idea: «Si un hombre está llamado a barrer las calles, debería barrer las calles igual que pintaba Miguel Ángel, componía Beethoven o escribía Shakespeare. Debería limpiar las calles tan perfectamente que los moradores del cielo y de la tierra se detuvieran para decir: aquí vivió un barrendero que hizo bien su trabajo».

Empezaba este capítulo preguntándole: ¿no querrá ser el mejor? Aspirar a ser el mejor carece de sentido para mí porque implica comparación. Y la comparación obvia algo que para mí es fundamental: cada ser humano es un milagro único y, por tanto, incomparable. Lo que sí que tiene sentido para mí es ser excelente en lo que hago y en lo que vivo, porque eso implica actualizar mi potencial y ser, cada día más, lo que soy y lo que he venido a ser.

Y si en ese proceso de excelencia, alguien se convierte en el mejor, tiene mi más sincera enhorabuena, porque se lo habrá ganado.

Independientemente de lo que quiera que sea que haga hoy, hágalo de la mejor manera posible. Olvídese del resultado y céntrese en la misma acción. Sólo esto. Olvídese de la crisis, olvídese de los resultados, olvídese de su familia, olvídese de todo.

Haga lo que deba y ame lo que haga en cada momento de su vida. Repítalo un tiempo y espere. Haga lo necesario el tiempo necesario. Sólo eso.

¿Hace las cuentas?

«Los hombres pierden la salud para acumular dinero. Después pierden el dinero para recuperar la salud.»

DALAI LAMA

¿Sabe cuánto gana por hora?

O, en el caso de que esté en paro, ¿sabe lo que ganaba por hora con su último trabajo o actividad?

Esta inofensiva pregunta encierra el potencial para cambiar la vida profesional de una persona. He visto a personas conmocionadas cuando se han tomado la molestia de calcular la respuesta. Algunas también gratamente sorprendidas.

Sea como sea, conocer este dato le proporcionará una información de extraordinario valor para tomar decisiones en lo referente a su vida laboral. Es posible que, después de conocerla, decida continuar haciendo exactamente lo mismo, pero la diferencia reside en que entonces lo estará haciendo desde la responsabilidad y el conocimiento, y no desde la inconsciencia o la inercia.

Soy consciente, porque repito este cálculo desde hace ya unos cuantos años, de que hay que tener mucho coraje para encarar cifras o situaciones que pueden ser difíciles de afrontar. Pero antes o después tendrá que hacerlo. Por eso mismo, le pregunto ¿Hace sus cuentas particulares?

«Estas inofensivas preguntas encierran el potencial para cambiar su vida.»

Calcule el sueldo o ingresos brutos totales correspondientes al año pasado. Réstele los impuestos que pagó. Ahora ya tiene el neto. Descuéntele todos los gastos asociados a ese trabajo o actividad: gasolina, gastos por kilometraje, parte proporcional de la compra de vehículo (¿o quizá todo entero?), ropa, maquillaje, peluquerías, complementos, comidas y desayunos fuera, teléfono, es posible que libros o revistas para mantenerse actualizado, y un largo etcétera. ¿Seguro que se hubiera comprado esos trajes si viviera en una playa tropical? Entonces es un gasto derivado de su actividad laboral y tiene que descontarlo.

Ahora ya tiene el neto real que tendrá que dividir entre el número de horas totales que trabajó el año pasado (transporte y horas muertas a la hora de comer, si es el caso, incluidas). Si está preparado para llevarse una sorpresa, le aconsejo que se tome la molestia de darle a la tecla de «igual» en la calculadora. Yo no soy de los que creen que hay que desempeñar una actividad sólo a cambio de una contraprestación económica. Sin embargo, soy un apasionado promotor de la responsabilidad individual. Y para ser responsable hace falta información. Por ello, le pregunto si dispone de información, si hace las cuentas y si cambia en algo las cosas esa cifra que ha obtenido.

Recientemente y después de hacer este ejercicio con una clienta, llegó a la conclusión de que en lugar de trabajar en su glamurosa agencia de comunicación, en términos económicos, le resultaba más conveniente trabajar como cajera en la cadena de supermercados que estaba junto a su casa; el salario neto por hora era incluso ligeramente superior una vez descontado el dinero y tiempo de transporte, la ropa elegante, las comidas fuera de casa y alguna que otra hora extra en períodos cada vez menos puntuales.

Además, con el cambio desaparcecería el estrés laboral derivado de su responsabilidad. Así que entre otras cosas, gracias a este cálculo, dejó esa agencia y comenzó una nueva andadura profesional. Hoy dirige su propia empresa. Este ejemplo refleja una situación que sucede en más ocasiones de las que parece: trabajos con cierto prestigio o reconocimiento social, cuando se hacen bien las cuentas, están igual o incluso peor remunerados que otros de baja cualificación.

He observado que existe un miedo, en ocasiones incluso resistencia, que se acentúa especialmente entre los trabajadores por cuenta ajena, a hacer estos y otros cálculos, a llevar las cuentas. Se considera casi algo obsceno ponerse a calcular lo que se gana por hora, el número de horas que se trabajó el año pasado o el coste de cada kilómetro recorrido por su vehículo. Pero sin información no hay decisiones, sin decisiones no hay responsabilidad, y sin responsabilidad sólo hay algo que se le parece mucho a la vida, pero que no lo es.

Por ejemplo, la mayoría de los propietarios de un vehículo no saben lo que les cuesta recorrer cada kilómetro. Le invito a que, si tiene algún vehículo, sume el seguro, el combustible, el precio del automóvil o la motocicleta, las revisiones, los cambios de rueda, aceite, etc. Después, divida por kilómetro y llegue a sus propias conclusiones. Muchísima gente alquilaría vehículos en lugar de comprarlos si se molestase en hacer este cálculo.

Otro ejercicio profundamente revelador es el de llevar la contabilidad personal de cada gasto durante un mes. Con todo lo aparentemente ingenuo que parece, la práctica de anotar en una libreta cada gasto que acometa, por insignificante que sea, le hará tomar conciencia de cómo es su relación con el dinero, de cómo se lo gasta y de cuánto le cuesta aquello que consume. Le garantizo sorpresas al final de mes.

En la misma línea, un ejercicio igualmente interesante que ya comenté en *Vivir sin jefe* es el de llevar una contabilidad personal del uso del tiempo. Anotar cada día cuánto tiempo le ha destinado a cada cliente, proyecto o trabajo le proporcionará una información cuya utilidad puede hacerle cambiar completamente su relación con el trabajo.

Es evidente que no tomo decisiones basándome exclusivamente en los resultados de estas cuentas; para mí, sencillamente carecería de sentido hacerlo. Sin embargo, he hecho y hago estos cálculos desde hace años para disfrutar de una idea global de cómo estoy empleando mis recursos.

Me parecería poco responsable tomar decisiones sin emplear la información que está fácilmente a mi alcance: prácticamente todas las personas y empresas disponen de información que normalmente no emplean, pero ¿qué sentido tiene esto? Si algo está a mi alcance y puedo emplearlo, definitivamente quiero hacerlo.

¿Sigue el ejemplo de los malabaristas?

«Menos es más.»
ROBERT BROWNING

«Necesito muy pocas cosas y las pocas que necesito, las necesito muy poco.»
SAN FRANCISCO DE ASÍS

Cada malabarista puede hacer malabares con un número determinado de objetos. Si el límite se encuentra en cinco pelotas, por ejemplo, con tan sólo introducir una bola más, todas las pelotas se irán al suelo, y no sólo la que entró en último lugar.

Con la vida sucede lo mismo que con el Tetris. ¿Se acuerda de aquella máquina de juegos que durante años ocupó los bares y cafeterías de España? El juego consistía en ir encajando figuras geométricas que caían de la parte superior de la pantalla sin que se quedaran espacios vacíos entre pieza y pieza, ya que si esto pasaba, las piezas se acumulaban. Y cuando las piezas alcanzaban el límite superior, la partida se daba por terminada. *Game over.* Si juega al Tetris con su vida, es decir, si tiene demasiadas piezas que encajar, antes o después, éstas se acumularán y perderá la partida. *Game over.*

Cada persona, usted también, tiene un límite de tareas que puede cumplir. Incluso un límite de personas con las que puede relacionarse. Según el antropólogo Robin Dunbar, el número de individuos con el que una persona puede mantener una relación estable es de 150. Y a mí me gustaría preguntarle a Dumbar qué entiende él por relación estable.

Cualquiera sabe que no hay manera más eficaz de colapsar un ordenador que abriendo muchas ventanas a la vez. Sin embargo, hacemos esto cada día con nuestra vida, abriendo o manteniendo multitud de relaciones que no nos llevan a ninguna parte y desarrollando actividades que nos restan tiempo y energía, y que a veces, como nuestro ordenador, hacen que nos colapsemos debido a la sobreabundancia de ventanas abiertas.

Nos da pavor el silencio porque nos enfrenta a lo que verdaderamente somos. Sufrimos de horror al vacío y lo llenamos. No entendemos que, como dice el proverbio hindú, una persona sólo posee aquello que un naufragio no es capaz de llevarse.

Recientemente, en el transcurso de una conversación con un amigo, me comentaba una práctica que llevó a cabo durante más de un año: irse todos los días a un parque a estar en silencio durante una hora o algo más. Pero me pareció más interesante lo que me dijo después: «Tendrías un verdadero problema si no pudieras estar a solas contigo mismo».

Soy un entusiasta del minimalismo. Creo profundamente y sin ninguna duda que menos es más. Defiendo las casas sin muebles y con el equipamiento mínimo. Viajo desde hace muchos años con el equipaje justo. Me alimento de modo muy frugal y principalmente vegetariano. Antes de comprar cualquier objeto someto esa compra a un juicio sumarísimo, y sólo si el objeto sale indemne del juicio, lo compro. Y hago todo esto porque, como decía Julio Cortázar, tengo la certeza de que el reloj no es tu regalo de cumpleaños, sino que más bien tú eres el regalo para el cumpleaños del reloj.

Me proporciona una alentadora paz saber que prácticamente todas las religiones y tradiciones espirituales del mundo coinciden en varias cosas. Una de ellas es reconocer la importancia del silencio como cimiento sobre el que construir la paz interior y la felicidad. Por ello, le lanzo un órdago: que se reconcilie con el silencio. Pocas cosas son más elocuentes que el silencio.

El ruido desconcierta, aturde, distrae. Haga lo posible por encontrar un rato de silencio. Puede que si no está acostumbrado, incluso sienta miedo. Déjelo estar, entre en contacto con la magia de la vida, deje que ésta le hable. Desconozco si alguna vez ha experimentado la sensación de estar en silencio en la naturaleza, pero si lo ha hecho sabrá que en ese momento no necesita nada más. Estar en silencio le reconectará con la esencia misma de la vida. Y verá que desde ahí resulta mucho más fácil empezar a caminar hacia una vida significativa.

Estamos sometidos a una cantidad ingobernable de estímulos que nos distraen y apartan de lo esencial. Me fascina la frase de Carlos Castaneda en el prólogo a *Las enseñanzas de Don Juan*: «La mucha luz es como la mucha sombra: no deja ver». Focalice su energía en lo realmente importante y elimine sin contemplación todas las distracciones...

«La mucha luz es como la mucha sombra: no deja ver.»

Reduzca sus comunicaciones por e-mail

Deje ya, si es que aún no lo hace, de revisar el *e-mail* cada tres minutos o cada tres horas. Quizá padezca del síndrome del hombre desactualizado. ¿De verdad no se le ocurre nada mejor que hacer con su tiempo o con su vida? El hecho de que todo el mundo lo haga no significa que lo tenga que hacer usted también. ¿Conoce el estudio de Hewlett Packard en el que se pone de manifiesto que estar continuamente pendiente del correo electrónico puede reducir hasta diez puntos el cociente intelectual?

¿Sabía que algunas compañías en el Reino Unido están utilizando una política de *e-mail free Friday*? Es decir, de viernes libres de correos electrónicos. El objetivo es incrementar la productividad y la comunicación verbal entre sus empleados.

Cada mañana leemos decenas de correos electrónicos que nos dejan desconcentrados para el resto del día. Y lo más grave es que muchos de ellos son completamente inútiles:

puro ruido generado por un sistema laboral que obliga a las personas a escribir *e-mails* para rellenar ocho horas.

Yo, por mi parte, propondría una ley que situara en diez el número máximo de *e-mails* por persona y día para limpiar el medio ambiente informativo.

Reduzca su consumo televisivo

Deje de mirar la televisión; hoy por hoy, salvo honrosas excepciones, lo único que hace es distraerle de lo que es realmente importante en su vida. ¿Tiene dudas? Lea a Bourdieu en *Sobre la televisión* si está dispuesto a llevarse un *shock* sobre cómo le funcionan las tripas a ese aparato que probablemente haya dado un golpe de estado y presida su salón.

Yo llevo años sin ver televisión y le garantizo que es de las mejores decisiones que he tomado. Si apaga el televisor, a lo mejor se da cuenta de que tiene familia o amigos. O todo lo contrario, pero en cualquier caso, es interesante que se dé cuenta lo antes posible. ¿Por qué no prueba a vivir una semana (tan sólo una semana) sin televisión y observa lo que sucede?

Reduzca su consumo de otros medios de comunicación

Deje de leer prensa y de escuchar la radio todo el día. No va a estar mejor informado por hacerlo. Sea realmente selectivo con los programas que escucha y con lo que lee; en caso contrario, se estará metiendo una sobredosis de información en el cuerpo que no le beneficia y que, sin duda, le impedirá pensar con lucidez.

Soy consciente de que vivimos en una sociedad de adictos a la información y que deshacerse de ciertas costumbres puede ser difícil. Quizá no es consciente de la importancia de esto que le sugiero. Sin embargo, pruebe a hacerlo durante un mes y después evalúe. No me canso de repetirlo: el silencio y el minimalismo son dos de los pilares que necesitará fortalecer si desea comenzar de nuevo, si desea reescribir el guión de su vida.

Aprenda a hacer uso del teléfono

Deje de atender el teléfono cada vez que suena. Establezca unos horarios o criterios para hacerlo. Puede contratar una tarifa plana para poder devolver las llamadas cuando le sea conveniente sin preocuparse del coste.

Deje de sobrealimentarse

Nuestra sociedad está sobresaturada. Una de las principales razones de gran parte de las enfermedades por esta parte del mundo es la sobrealimentación. Sea consciente de los alimentos que toma. Por favor, tome por costumbre preguntarse si realmente necesita comer eso cada vez que vaya a ingerir algo. A veces decidirá alimentar no su cuerpo físico, sino su parte emocional, y hacer eso de vez en cuando está muy bien. Lo importante es hacerlo desde la conciencia.

Apúntese al minimalismo como forma de vida

Compramos cosas y cosas y más cosas, e incluso cuando no queremos comprarlas, nos vemos obligados porque las que tenemos se estropean irremediablemente, y cada vez en menos tiempo, gracias a esa luctuosa y lamentable invención del *marketing* que es la obsolescencia calculada.

Reduzca su consumo radicalmente. Acostúmbrese a poseer sólo lo realmente necesario. Lo demás, si le resulta realmente imprescindible, alquílelo. La Tierra tiene recursos de sobra para que todos tengamos de todo, pero no para que todos tengamos de todo todo el tiempo.

En este sentido creo que las aerolíneas de bajo coste están haciendo, sin saberlo, un gran trabajo a favor del desarrollo personal: al cobrar por cada maleta facturada, he observado que la tendencia a viajar con lo mínimo e imprescindible se está imponiendo. Y creo que este ejercicio de síntesis que es pensar cómo sobrevivir a unas vacaciones con diez kilogramos de equipaje lleva directamente a la conclusión de que la mitad de nuestro armario es puro ruido.

Por eso le preguntaba si seguía el ejemplo de los malabaristas. Una de las mejores maneras que conozco de atraer el éxito en lo que quiera que sea que se proponga en la vida radica en que se convierta en un minimalista y en que conozca el número máximo de malabares con el que se maneja bien. Escoja sólo los malabares realmente importantes. El resto elimínelos. Y hágalo sin piedad.

Es bastante popular la historia de Nan-in, un maestro japonés al que un profesor universitario fue a visitar, intrigado por la afluencia de jóvenes que acudían a ver al maestro. Cuando el profesor llegó, saludó al maestro y rápidamente le preguntó por el zen. Entonces Nan-in le ofreció el té y se lo sirvió. Y aunque la taza del visitante estaba llena, el maestro siguió sirviendo té hasta que se derramó. Entonces el profesor le dijo: «¿Pero es que no ve que la taza está completamente llena y que el té se está saliendo?». El maestro entonces le dijo, lleno de amabilidad: «De la misma manera que esta taza está llena, usted está lleno de sus opiniones. ¿Cómo podría enseñarle el camino del zen si primero no vacía su taza?».

Las enseñanzas zen también están de acuerdo: para llenarse primero hay que vaciarse.

Limpie los armarios, tire todo lo que lleve más de un año sin usar. Relaciónese sólo con las personas que sean especiales en su vida y con las que tenga una verdadera relación de amor y apoyo mutuo. Cada vez que quiera comprar algo, pregúntese si de verdad le hace falta; a lo mejor se da cuenta de que no era tan necesario y de que usted también compra para suplir carencias emocionales. Hacer todo esto le ayudará a concentrarse en lo esencial, suponga esto lo que suponga para usted.

Para mí, uno de los mayores lujos es el silencio y el vacío porque me permiten focalizar mi energía en lo que he definido como fundamental. No quiero hacer malabares con más asuntos, objetos o personas de los que realmente puedo manejar porque entonces sé que se me caerán todos.

¿Sabe ya cuáles son los objetos con los que quiere hacer malabares? ¿Y sabe ya cuáles se va a quitar de en medio para evitar que se le caigan todos los demás?

¿Disfruta del camino?

«La utopía está en el horizonte. Camino dos pasos, ella se aleja dos pasos y el horizonte se corre diez pasos más allá. ¿Entonces para qué sirve la utopía? Para eso, sirve para caminar.»

EDUARDO GALEANO

Dijo san Francisco de Asís que sólo hay tres caminos para llegar a Dios: el primero es la humildad, el segundo es la humildad y el tercero es la humildad. Pues bien, seré humilde: en esto me confundí y tuve hasta hace poco un lío impresionante; pensaba que lo más importante eran las metas, que lo primordial era llegar y tener la vista puesta en el objetivo. Se me pasó por alto algo fundamental: que el camino es al menos igual de importante, si no más, que el destino. Al fin y al cabo, y hablemos de lo que hablemos, solemos pasar más tiempo en el camino que en la meta, así que mejor aprender a disfrutar del camino.

Y tiempo después aún comprendí que había algo incluso más importante que disfrutar del camino: disfrutar del proceso de transformación que me estaba llevando a ser la persona que soy, gracias precisamente al camino que había decidido recorrer.

¿Por qué vivimos en una sociedad de profundos insatisfechos? ¿Por qué está atemorizado hasta quien no tiene razones objetivas para ello? Son muchos los motivos que lo explican; algo que he aprendido, por más que todo el mundo se empeñe en inventarse soluciones simplificadoras, es que prácticamente ningún suceso tiene una causa única. Sin embargo, creo que una de las razones fundamentales radica en que valoramos la meta como lo importante y olvidamos que tan sólo podremos experimentar algo parecido a la felicidad cuando aprendamos a disfrutar del camino y de nuestro proceso de transformación interior por estar, precisamente, en ese camino.

¿Se imagina a un grupo de montañeros ascendiendo durante días a una cumbre y siendo sólo felices en el instante puntual de conquistar la cima? No. Llegar al pico es sólo la excusa para hacer el viaje, y son tan importantes la coronación de la montaña y la marcha para llegar hasta allí como el proceso de compartir ese viaje y el entrenamiento previo para ser capaz de enfrentarse a semejante desafío.

En el camino a veces hace sol y a veces llueve. A veces hay situaciones de escasez, y otras veces, de abundancia. La vida está compuesta de luz y de oscuridad, de calor y de frío. Aunque parece que cada vez entendemos menos este hecho y queremos quedarnos sólo con el sol y con el calor, el hecho es que siempre ha habido, y siempre habrá, situaciones en las que las cosas vayan como deseamos y otras en las que no. Disfrutar el camino es imprescindible en ambos casos. Algo que me repito a menudo es que, suceda lo que suceda, esa situación también pasará.

Conseguir resultados es importante. No: es importantísimo. Plantearnos metas y resultados es lo que nos hace avanzar como personas y como sociedad. Es requisito necesario, aunque no suficiente, para alcanzar la felicidad. Gozar del camino es obligatorio si queremos llevar una vida plena. Y en el trayecto nos vamos a encontrar de todo: personas y situaciones que nos gustarán, y otras que nos desagradarán. La clave: entender que ambas forman parte del camino.

Un texto verdaderamente inspirador para mí, de hecho, es el poema con el que inauguré mi *blog*; es el poema *Ítaca*, de Constantino Kavafis. *Ítaca* logra emocionar y hacer memorable una idea de ésas de poner con *post-it* en el ordenador o en la nevera: «Ruega que el camino sea largo…».

> Cuando emprendas el viaje hacia Ítaca,
> ruega que el camino sea largo,
> lleno de aventuras,
> lleno de descubrimientos.
>
> A Lestrígones, Cíclopes, al colérico Poseidón no temas:
> nunca hallarás tales seres en tu camino,
> nunca mientras altos sean tus pensamientos,
> mientras una extraña emoción estimule
> tu alma y tu cuerpo.

[...]

Llegar ahí es tu destino,
pero nunca apresures el viaje,
es preferible que dure años,
que seas viejo cuando alcances la isla,
rico con todo lo que habrás ganado en el camino,
sin esperar que sea Ítaca la que te haga rico.

Ítaca te dio un maravilloso viaje.
Sin ella no habrías partido.
Pero ya no tiene más que darte.
Y si la encuentras pobre,
no creas que Ítaca te ha engañado.
Sabio como te has hecho,
tan pleno de experiencia,
habrás entendido lo que significan las Ítacas.

Pero para poder disfrutar de un viaje formidable, hay un detalle que sólo ahora empiezo a comprender con nitidez y es que cada Ítaca tiene un peaje diferente, y que cuando cada persona selecciona la Ítaca a la que dirigirse, tiene que estar preparado para afrontar ese peaje.

Comprender el precio del camino que uno quiere recorrer y estar dispuesto a pagarlo es una de las pocas condiciones que nos exige la vida para que podamos disfrutar del viaje. Cada carretera tiene un precio. Infórmese minuciosamente del peaje que le impondrá esa que usted quiere transitar y después pregúntese si lo pagará con gusto, y no sólo me refiero, claro, al precio económico; de lo contrario, ese viaje no le merecerá la pena. Y ese viaje es su vida...

«A los sitios a los que verdaderamente merece la pena llegar en la vida no se puede llegar por atajos.»

El camino que cada persona transita es algo sagrado y que forma parte de su aprendizaje personal e intransferible. Debe ser consciente de esto. Debe estar atento para comprender el papel de sus coléricos Poseidones cuando hagan presencia en medio del camino.

No puede llegar a su Ítaca particular sin recorrer su camino y quien trate de saltarse esta verdad no comprenderá ni el camino ni la meta. A los sitios a los que verdaderamente merece la pena ir en la vida no se puede llegar por atajos.

¿Y sabe qué? Que si me viera obligado a elegir, preferiría entender qué significan las Ítacas que llegar hasta ellas porque la vida, después de todo, es un viaje y un aprendizaje mucho antes que un destino. Y para mí, sobre todo es eso: un aprendizaje. ¡De todo corazón, le deseo el más extraordinario de los viajes!

Bibliografía

Confeccionar la lista de libros y referencias que han hecho posible que este libro sea una realidad sería como intentar hacer una lista de los momentos y conversaciones de mi vida que han hecho posible que *Vivir sin miedos* haya nacido; algo sencillamente imposible.

Sin embargo, lo que sí que puedo hacer es elaborar una lista de los libros y películas que he citado en *Vivir sin miedos*...

Libros citados

ALBION, M. (2002): *Vivir y ganarse la vida*. Amat Editorial, Barcelona.

CARROLL, L. (2005): *Alicia en el país de las maravillas*. Akal, Madrid.

CASTANEDA, C. (2001): *Las enseñanzas de Don Juan*. Fondo de Cultura Económica, México.

CHOPRA, D. (1996): *Las siete leyes espirituales del éxito*. Akal, Madrid.

COVEY S. (1997): *Los siete hábitos de las personas altamente efectivas*. Espasa, Madrid.

Cubeiro, J. C. (2008): *Clase creativa*. Planeta Empresa, Madrid.

Emoto, M. (2003): *Mensajes del agua*. Editorial La Liebre de Marzo, Barcelona.

Epícteto (1997): *Un manual de vida*. Editor Juan J. de Olañeta, Palma de Mallorca.

Fernández, S. (2009): *Vivir sin jefe*. Plataforma Editorial, Barcelona.

Ferrazzi, K. (2005): *Nunca comas solo*. Amat Editorial, Barcelona.

Florida, R. (2008): *La clase creativa*. Espasa Libros, Madrid.

Frankl, V. (2004): *El hombre en busca de sentido*. Herder, Barcelona.

Galeano, E. (2003): *El libro de los abrazos*. Siglo XXI, Madrid.

Garriga, J. (2009): *Vivir en el alma*. Rigden, Barcelona.

Gladwell, M. (2009): *Fueras de serie*. Taurus, Madrid.

Godin, S. (2009): *Tribus*. Gestión 2000, Barcelona.

Jericó, P. (2006): *NoMiedo*. Alienta, Barcelona.

Kim, C. y Mauborgne, R. (2005): *La estrategia del océano azul*. Granica, Barcelona.

MacLeod, H. (2009): *Ignora a todos*. Empresa Activa, Madrid.

Nordström, K. y Ridderstråle, J. (2008): *Funky Business Forever*. Prentice Hall, Madrid.

Pérez, A. (2008): *Marca personal*. Esic, Madrid.

Pink, D. (2001): *Free Agent Nation*. Warner Books, Australia.

RODARI, G. (2007): *El camino que no iba a ninguna parte.* SM, Madrid.

RUIZ, M. (1997): *Los cuatro acuerdos.* Ediciones Urano, Barcelona.

SAMSÓ, R. (2009): *El código del dinero.* Ediciones Obelisco, Barcelona.

SHARMA, R. (2007): *Éxito.* Una guía extraordinaria. Grijalbo, Barcelona.

TROUT, J., Ries, A. y Peralba, R. (2007): *Las 22 leyes inmutables del marketing.* RBA, Barcelona.

TSE, L. (2008): *Tao Te King.* Edaf, Madrid.

Películas citadas...

Atraco perfecto. Stanley Kubrick. 1956.

Atrapado por su pasado. Brian de Palma. 1993.

Buscando a Eric. Ken Loach. 2009.

Casino. Martin Scorsese. 1995.

Di que sí. Peyton Reed. 2008.

El cambio. Michael A. Goorjian. 2009.

El funeral. Abel Ferrara. 1996.

El padrino. Francis Ford Coppola. 1972.

En busca de la felicidad. Gabriele Muccino. 2006.

Forrest Gump. Robert Zemeckis. 1994.

Jerry Maguire. Cameron Crowe. 1996.

Origen. Cristopher Nolan. 2009.

Talk to me. Kasi Lemmons. 2007.

¿Y tú qué sabes? William Arntz, Betsy Chasse y Mark Vicente. 2004.

«*I cannot live without books*».
«No puedo vivir sin libros».
THOMAS JEFFERSON